Alfons Schuhbeck
Weihnachten

MEIN KOCHBUCH

Inhaltsverzeichnis:

Vorwort **4**

Gewürzschule **6**

Weihnachtswerkstatt **12**

Vorspeisen & Suppen **18**

Vegetarische Hauptgerichte **36**

Fisch & Meeresfrüchte **54**

Fleisch & Geflügel **70**

Beilagen **100**

Desserts, Kuchen & Gebäck **116**

Getränke **144**

Weihnachtsmenüs **156**

    Klassisches Menü 158
    Wildmenü 166
    Fischmenü 174
    Gourmetmenü 182
    Vegetarisches Menü 190
    Veganes Menü 198

Register **206**

Liebe Leserinnen, liebe Leser,

einfach etwas Gutes – das wünsche ich mir zu Weihnachten. Ich bin im Alpenraum groß geworden, und als ich ein Bub war, lag um die Weihnachtszeit fast immer Schnee. Draußen mit den Skiern herumsausen, das war für meinen Bruder und mich das Höchste. Und diese einfachen Freuden machten auch das Weihnachtsfest bei uns zu Hause aus.

Dass es bald losgehen würde mit dem schönsten Fest des Jahres, merkten wir immer, wenn unsere Mutter anfing, Plätzchen zu backen: Nuss- und Kokosmakronen, Vanillekipferl und Spritzgebäck. In der Vorweihnachtszeit wurde traditionell geschlachtet, dann kam der Opa vorbei, der eine Landwirtschaft hatte, brachte Geräuchertes, Butter und Wurst. Ich bin in einer Zeit aufgewachsen, als man übers Jahr und unter der Woche generell nicht so viel Fleisch aß – das gab es meist nur an Sonntagen und hohen Festen und war immer etwas Besonderes.

Unser Tannenbaum war eine Fichte. Die Mutter schmückte ihn mit Honigkerzen, Äpfeln, Kugeln und Strohsternen. Unterm Baum lag meist gar nicht unbedingt etwas Neues – sondern etwas Gebrauchtes, frisch hergerichtet: Skier, neu gestrichen und gewachst, oder ein gebrauchtes Radl, tipptopp in Schuss gebracht. Heute würde man das nachhaltig nennen. Damals war es normal. Und bevor es zur Christmette ging, gab es bei uns traditionell eine richtig gute Brätnockerlsuppe – auf die freuten sich mein Bruder und ich den ganzen Tag!

Wenn ich es mir recht überlege, war damals ganz geläufig, was heute wieder an Bedeutung gewinnt: das Natürliche, Einfache. Dinge wiederverwerten und nicht wegschmeißen. Weniger Fleisch essen und gute Qualität umso mehr schätzen. Selber kochen. Zeit für die Familie haben.

Deshalb finden Sie in meinem Weihnachtsbuch nicht nur beliebte Klassiker, sondern auch vegetarische und vegane Rezepte – so bekommen alle etwas, das ihnen richtig gut schmeckt. Ich habe außerdem sechs dreigängige Menüs nach verschiedenen Mottos zusammengestellt, dazu gibt's Tipps, die Ihnen die Vorbereitungen erleichtern. Und ganz gleich, mit welchen Gerichten Sie sich und Ihren Lieben eine Freude machen: Ich wünsche Ihnen, dass Sie es zum Fest miteinander einfach richtig gut haben!

Frohe Weihnachten!

Ihr Alfons Schuhbeck

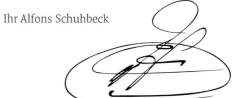

GEWÜRZSCHULE

Es liegt was in der Luft …

… und wir machen's uns jetzt gemütlich! Wenn es draußen nach Zimt duftet von den gebrannten Mandeln und nach Gewürznelken vom Glühwein, wenn aus dem Ofen daheim das Aroma von Vanillekipferln dringt und im Kakaobecher heiße Schokolade mit Kardamom dampft – dann wärmen wir uns mit der würzigen Kraft der beliebtesten winterlichen Aromen.

Anis

Die Weihnachtszeit beginnt im Advent. Mit einem „A" – wie der Anis! Für Lebkuchen, Printen und Pfefferkuchen sind die Früchte der Anispflanze das A und O. Den ganzen Sommer über durften sie in der Sonne reifen und dabei ihr zart süßliches Aroma ausbilden. Es erinnert ein bisschen an Kümmel, kein Wunder, denn Anis und Kümmel sind miteinander verwandt. Doch Anis ist eleganter! Er setzt mit seinem feinen ätherischen Öl süßen wie herzhaften Gerichten aromatische Glanzlichter auf.

Gewürznelken

Man nehme Anis, ein paar intensiv duftende Gewürznelken – schon sind zwei der traditionellen Glühweingewürze beieinander! Nelken, die aussehen wie handgeschmiedete Nägel – daher der Name! –, sind so unverzichtbar für die Weihnachtszeit wie der Kerzenschimmer am Baum. Das Highlight für wärmend würzige Leib- und Seelenrezepte, vom Blaukraut bis zum Zwetschgenkompott, vom Apfelmus bis zum Wildragout. Und weil Weihnachten ein Fest des Miteinanders ist, gehört die Nelke unbedingt dazu: In Gesellschaft anderer Aromen blüht sie förmlich auf. Besonders gut harmoniert sie mit allem, was eine feine Säure mitbringt, Früchte, edler Essig, Wein. Perfekte Partner auch: Orangen, Dörrobst, Lorbeer, Pfeffer, Kakao und Kardamom!

Kardamom

Auch hier spielt familiäres Beisammensein eine Rolle: Kardamom ist ein entfernter Verwandter von Ingwer und Kurkuma. Vielleicht mag ich ihn deshalb so gern! Er entstammt einer Welt, deren Zauber mit unserem Weihnachten viel zu tun hat: Balsam, Gold und Weihrauchduft. Der Orient ist seine ursprüngliche Heimat. Kardamom hat ein balsamisches, tiefwürziges Aroma. Es gibt verschiedene Arten: Grüner Kardamom ist hierzulande die bei weitem häufigste, beliebteste Sorte – nicht nur für Süßspeisen, auch für Fleischgerichte wie Würste oder Lamm. Wenn die geschlossenen Samenkapseln eine limettengrüne Farbe aufweisen, ist das ein Zeichen bester Qualität.

Sternanis

Wie ein achtzackiger Stern sehen die getrockneten Fruchtkapseln des Sternanis-Baums aus. Nicht nur von der Form, auch vom Aroma her ist das ursprünglich aus China stammende Gewürz ein Weihnachtsklassiker – es verleiht Punsch und Likören, Meeresfrüchten, Fisch, Saucen und Gebäck das gewisse Etwas, vorausgesetzt, man dosiert es mit einem Kniff, den Viele gern auch auf die Kunst des Schenkens anwenden: Weniger ist mehr! Ich knipse manchmal nur ein Bröckchen von einem Zacken ab und würze damit das eine oder andere Gericht – so kommt ein Hauch fernöstliche Exotik ans weihnachtliche Festessen.

Vanille

Kipferl, Schlagsahne, Kaiserschmarren: Ob im Plätzchenteig, in Dessertsaucen oder im leise rieselnden Puderzucker obendrauf – Vanille ist die Königin der weihnachtlichen Gewürze, der Star der winterlichen Leibspeisenküche! Und weil an Weihnachten alles ein bisschen erlesener ist, kommt jetzt die edelste Form der tropischen Kletterorchideenfrucht zum Einsatz: die ganze getrocknete Schote. Ob Bourbon-, Tahiti- oder Mexiko-Vanille: Alle drei bei uns erhältlichen Sorten haben den großen Vorteil, dass man sie mehrfach einsetzen kann – erst die winzigen Samen aus dem Inneren zum Würzen, dann die Schale zum Aromatisieren von Saucen oder selbst gemachtem Gewürzzucker und: Gewürzsalz!

Zimt

Weihnachtsfreude von A bis Z: Nur mit den Stangen und dem fein gemahlenen Pulver von Zimt ist die weihnachtliche Gewürzfamilie komplett. Gewonnen wird er aus der Rinde des Zimtbaumes. Zwei Sorten sind bei uns auf dem Markt: Kassia- und Ceylon-Zimt. Letzterer hat das facettenreichere Aroma, ein ganzes Spektrum eleganter Nuancen – perfekt für süße und pikante Spezialitäten, für Gebäck und Saucen, Wild, Geflügel, Cremes und Desserts. Wenn Sie wie ich das Aroma von Zimt voll und ganz auskosten möchten, halten Sie am besten Pulver und Stangen zur Hand – letztere lassen sich im Ganzen oder stückchenweise verwenden.

Das richtige Händchen ...

... beim Einkaufen, Aufbewahren und Kochen mit Gewürzen ergibt sich mit diesen Tipps ganz wie von selbst! Ein bisschen Erfahrung, Fingerspitzengefühl und Gewusst-wie – mehr braucht es nicht, um gerade zu den Festtagen aus Gewürzen das Beste herauszuholen, was in ihnen steckt: unvergessliche weihnachtliche Geschmackserinnerungen – für die ganze Familie.

Meine Tipps für den richtigen Gewürzeinkauf

- Gewürzkauf ist Vertrauenssache: Kaufen Sie Gewürze immer nur dort, wo Sie wissen, dass die Qualität stets gleichbleibend gut ist und die Ware nicht lange im Regal steht.
- Tun Sie sich einen Gefallen und lassen Sie die Finger von billigen Produkten (z.B. aus Souvenirshops): Qualitativ hochwertige Gewürze sind etwas Kostbares und haben einfach ihren Preis.
- Auch getrocknete Gewürze kaufen Sie im Idealfall immer frisch. Am besten sind in jedem Fall kleine Mengen, die zügig verbraucht werden. Gewürze enthalten hochwertige ätherische Öle, die sich beim Kontakt mit Sauerstoff schnell verflüchtigen.

So bewahren Sie Gewürze optimal auf

- Ganze Gewürze sind grundsätzlich länger haltbar und aromatischer als gemahlene. Letztere sind natürlich praktisch, wenn man mal eine richtig große Menge zum schnellen Verbrauch – zum Beispiel beim Plätzchenbacken – benötigt. Generell greife ich lieber zu ganzen Gewürzen, die ich kurz vor der Verwendung entweder reibe (z.B. Muskatnuss), im Mörser zerkleinere oder in der Gewürzmühle frisch mahle (z.B. Kardamom, Pfefferkörner, Wacholderbeeren) oder die ich im Ganzen oder in Stückchen einfach in das Gericht gebe und mitkochen lasse (z.B. Sternanis, ausgekratzte Vanilleschote, Zimtrinde).
- Das Aroma von Gewürzen erhält sich auf optimale Weise, wenn sie dunkel, trocken (das heißt: gut verschlossen) und kühl aufbewahrt werden. Dunkle Gläser mit fest sitzendem Deckel oder gut verschließbare Dosen, in die kein Licht fällt, sind der perfekte Aromaschutz.
- Angebrochene Gewürztütchen falte ich nach Gebrauch fest zusammen und gebe sie sofort in ein Glas mit Schraubverschluss oder in eine gut verschließbare Dose.
- Der beste Ort zum Lagern von Gewürzdosen ist kühl, dunkel und luftig. Im Regal über dem Herd, der Dunstabzugshaube oder der Spüle wäre die Luft dafür viel zu feucht! Besser geeignete Orte sind die Speisekammer, ein Gewürzregal oder eine Gewürzschublade etwas entfernt von Herd und Spüle.

Meine besten Tipps zum Kochen mit Gewürzen

- Sammeln Sie Erfahrungen: Je mehr Sie würzen, desto mehr bekommen Sie ein Gespür dafür. Ausgefallene Gewürze wie etwa Kardamom, Kreuzkümmel oder Sternanis sollte man zunächst sparsam verwenden – und dann einfach entspannt ausprobieren und kreativ sein. Ein bisschen Vorsicht zu Anfang schadet auch bei scharfen Gewürzen wie Chili oder Pfeffersorten sicher nicht. Letztlich entscheidet aber immer der persönliche Geschmack und natürlich die Vorlieben der Lieben, die Sie bekochen!
- Manche getrockneten Gewürze wie Wacholderbeeren, Anis-, Kümmel- oder Fenchelsamen, Korianderkörner, Piment oder Pfeffer entfalten ihr Aroma noch intensiver, wenn man sie kurz vor Gebrauch leicht röstet. Das können Sie leicht selber machen: einfach die Gewürze in einer Pfanne ohne Fett einige Minuten unter Rühren vorsichtig erhitzen, bis sie zu duften beginnen. Das kann sehr schnell gehen, also bleiben Sie unbedingt dabei. Anschließend die Pfanne gleich vom Herd ziehen, damit die Gewürze nicht verbrennen.
- Beim Kombinieren von Gewürzen ist es ebenfalls ratsam, am Anfang ein bisschen vorsichtig zu sein und nach und nach herauszufinden: Was passt zusammen, was nicht so? Manche Gewürze harmonieren fantastisch miteinander, andere eher nicht, einige überdecken sich oder heben sich gegenseitig im Aroma auf. Hier gilt: einfach mutig sein und experimentieren! Und wenn Sie lieber auf Nummer sicher gehen, probieren Sie doch meine perfekt abgestimmten Gewürzmischungen.
- Zum Schluss noch ein wichtiger Tipp: zum Abschmecken kochender Speisen bitte die Gewürzmühle oder den (Salz-)Streuer nicht direkt über den dampfenden Topf halten – lieber den Topf kurz vom Herd ziehen und warten, bis sich der Dampf legt. Die Feuchtigkeit führt sonst dazu, dass das Gewürz verklumpt und somit den Streuer oder das Mahlwerk der Mühle verstopft.

Gewürze vorbereiten und raffinierte Mischungen selbst machen

An Weihnachten darf es gern ein bisschen mehr sein – gerade auch beim Würzen. Denn Gewürze enthalten die volle Kraft der Sonne. Sie haben beim Ausreifen den Sommer über jede Menge Wärme getankt und geben sie über den Duft und Geschmack ihrer feinen ätherischen Öle wieder ab – das macht gute Laune zur Winterszeit und wärmt von innen!

Würzen mit Kardamom und Vanille: Schritt für Schritt

Kardamom

Kardamom im Ganzen lässt sich auf zwei Arten verwenden: Für ein dezentes Aroma lässt man die Kapsel ganz und aromatisiert damit die Speisen. Für ein intensiveres Aroma bricht man sie auf. Das geht so:

- Mit der Messerklinge leicht auf eine Kardamomkapsel drücken, bis sie aufplatzt.
- Die Kardamomkapsel aufbrechen und die Samen mit der Messerspitze herausholen.
- Die Samen entweder im Mörser zerkleinern oder in die Gewürzmühle geben und frisch mahlen.

Vanille

Vanilleschoten können nur von Hand geerntet werden und sind daher nicht billig. Aber sie lassen sich mehrfach verwenden: einmal das Vanillemark, einmal die ausgekratzte Schote. Und so geht's:

- Die Vanilleschote mit einem spitzen Messer der Länge nach halbieren.
- Das Vanillemark mit dem Messerrücken aus den beiden Schotenhälften schaben.
- Die ausgekratzte Vanilleschote kann zum Aromatisieren eines Gerichts mitgegart werden. Danach spült man sie heiß ab und lässt sie auf Küchenpapier für den nächsten Gebrauch gut trocknen.
- Oder Sie machen Vanillezucker selbst: einfach die ausgekratzte Schote mit Zucker in ein Einmachglas füllen und einige Tage ziehen lassen.
- Für ein Vanillegewürzsalz geben Sie die Schote mit Salz in ein Einmachglas und lassen alles einige Tage ziehen. Sehr fein zum raffinierten Aromatisieren von Meeresfrüchten, Sellerie-, Karotten- oder Süßkartoffelpüree, Spinat, Mangold, Wildsaucen.

Ein Gewürzsalz für jede Gelegenheit

Eines meiner liebsten und am meisten verwendeten Gewürze seit einigen Jahren ist das milde Chilisalz. Sie können es zu Hause ganz leicht selbst herstellen. Dazu vermischt man einfach 1 EL feines Meersalz mit 1 gestrichenen TL milder Chiliflocken (ohne Kerne). Es kann zum Würzen und Verveinern von Gerichten jeglicher Art benutzt werden.

Zwei Gewürzsalze für die Winterzeit

Rot-grünes Chili-Vanille-Salz

Zutaten für gut 100 g
- 100 g unbehandeltes Meersalz oder Steinsalz
- 2 TL milde Chiliflocken
- 1 TL grüne Chiliflocken (Jalapeño)
- ¼ TL gemahlene Vanille
- je 1 Prise Knoblauch- und Ingwerpulver

Das Salz mit allen anderen Zutaten in einer Schüssel gründlich mischen. Die Mischung in kleine, gut verschließbare Gläser füllen. Das rot-grüne Chili-Vanille-Salz ist das perfekte Gewürz für herzhafte Gerichte jeder Art. Und ein Geschenk, das ordentlich einheizt!

Kräutersalz

Zutaten für gut 100 g
- 100 g unbehandeltes Meersalz oder Steinsalz
- je 1 TL getrocknetes Bohnenkraut, Majoran und Oregano
- je 1 TL frische Rosmarinnadeln und frisch abgezupfte Thymianblätter
- je 1 Msp. Knoblauch- und Ingwerpulver und gemahlene Vanille

Alle Zutaten in einer kleinen Schüssel gründlich mischen. Die Mischung in gut verschließbare Gläser füllen.

Tipp: Gut verschlossen und dunkel gelagert, halten sich die Gewürzsalze etwa ein Jahr. Sie eignen sich für Salatdressings und Ausbackteige, Gemüse, Couscous, Reis- und Nudelgerichte, Fleisch, Fisch und Meeresfrüchte sowie zum Abschmecken von Füllungen, Suppen, Brühen und Saucen.

Zwei Gewürzzucker für die Weihnachtszeit

Arabischer Gewürzzucker

Zutaten für gut 100 g
- 100 g feiner Kristallzucker
- je 1 gestr. TL gemahlener Kardamom und Zimtpulver
- je ¼ TL gemahlene/r Gewürznelken und Piment
- je 1 Msp. frisch geriebene Muskatnuss und gemahlene Vanille

Den Zucker und alle Gewürze in einer Schüssel mischen und sofort in gut verschließbare Gläser füllen. Der arabische Gewürzzucker ist perfekt zum Abschmecken von Kaffeegetränken wie Cappuccino, Milchkaffee und Espresso, sehr fein zu heißer Schokolade und im Eiskaffee. Auch Schokoladenpudding, Obstsalate, Cremespeisen und Tiramisu bekommen damit einen besonderen Kick!

Orangenzucker

Zutaten für gut 100 g
- 100 g feiner Kristallzucker
- je 1 Prise Ingwer- und Zimtpulver sowie gemahlene Vanille
- 1 Msp. mildes Chilipulver
- 2 TL abgeriebene unbehandelte Orangenschale
- 1 TL abgeriebene unbehandelte Zitronenschale

Den Zucker mit den Gewürzen und den abgeriebenen Zitrusschalen in einer Schüssel gründlich mischen und sofort in gut verschließbare Gläser füllen. Der Clou zum Würzen von Bayerischer Creme, Eisdesserts oder Pannacotta. Aber auch zu Milchshakes, heißem Kakao und zum Garnieren von Kuchen, Desserts und Schlagsahne eignet sich dieser aromatische Gewürzzucker perfekt!

Tipp: Auch wenn die weihnachtlichen Gewürzzucker sehr dekorativ aussehen, fülle ich sie für den eigenen Gebrauch lieber in dunkle Gläser ab. So bewahren sie ihr feines Aroma noch ein bisschen länger. Zum Verschenken sind durchsichtige Gläser natürlich schöner! Optimal gelagert, also dunkel, trocken und kühl, halten sich die feinen Zuckermischungen etwa ein Jahr, ohne Aroma zu verlieren.

Ein lieber Gruß aus der Weihnachtsküche: Mein selbst gemachter Eierlikör

Schon beim Anblick kriegt man da richtig gute Laune! Das leuchtende Gelb macht locker wett, was uns jetzt, im Winter, an Sonnenstrahlen fehlt. Und die echte Vanille darin adelt den selbst gemachten Likör zum exquisiten Balsam für die Seele: Fröhliche Weihnachten!

Eierlikör mit echter Vanille

Zutaten für 4 Fläschchen (à ca. 250 ml)
- 1 Vanilleschote (Bourbon- oder Tahiti-Vanille)
- 300 g Sahne
- Salz
- 10 frische Eigelb
- 200 g Zucker
- 150 ml Korn, Obstler oder Wodka (38 Vol.-%)

1 Die Vanilleschote der Länge nach aufschneiden und das Mark herauskratzen. Die Sahne mit 1 Prise Salz, dem Vanillemark und der -schote in einem Topf langsam aufkochen, vom Herd nehmen und etwa 10 Minuten ziehen lassen.

2 Inzwischen die Eigelbe mit dem Zucker in einer Metallschüssel mit den Quirlen des Handrührgeräts weißlich schaumig aufschlagen. Die Vanilleschote aus der Sahne entfernen. Anschließend die heiße Vanillesahne nach und nach unter die Eier-Zucker-Creme rühren.

3 In einen Topf 2 bis 3 cm Wasser einfüllen und zum Kochen bringen. Die Hitze etwas herunterschalten. Die Metallschüssel auf den Topf mit dem köchelnden Wasser setzen – sie soll sich im aufsteigenden Wasserdampf befinden, nicht direkt im Wasser! Die Eiersahne unter Rühren langsam auf 75 bis 78 °C erhitzen (die Temperatur mit einem Speisethermometer prüfen).

4 Sobald die Temperatur erreicht ist, Korn, Obstler oder Wodka unterrühren. Die Mischung anschließend durch ein Sieb in sterilisierte Flaschen füllen, gut verschließen und abkühlen lassen.

5 Der Eierlikör hält sich im Kühlschrank etwa 6 Wochen. In den ersten Tagen empfiehlt es sich, die Flaschen immer mal wieder zu schütteln.

Tipp: Zum Sterilisieren der Flaschen Wasser sprudelnd aufkochen, 1 bis 2 Sekunden abkühlen lassen und die Flaschen damit kurz ausspülen. Die Flaschen trocknen lassen.

Beim Erhitzen der Eiercreme im Wasserbad empfiehlt sich ein Speisethermometer. Die Eiermischung darf nicht zu heiß werden, sonst gerinnt sie. Und keine Sorge, wenn die Masse anfangs eher flüssig ist! Sobald der Alkohol hinzukommt, wird die Konsistenz sämiger.

„Morgen, Kinder, …

…. *wird's was geben!"* Nicht nur zu Nikolaus, auch schon früher im Advent schmecken die feinen Aufstriche Großen wie Kleinen: zum Frühstück, zur Pause, zum Nachmittagskaffee und zum Abendbrot. Und weil geteilte Freude doppelte Freude ist, kommen gleich noch ein paar Glaserl in die Nikolaussäckchen für liebe Freundinnen und Freunde!

Maronenaufstrich

Zutaten für 2 Gläser (à ca. 250 ml)
- 200 g Zucker
- 400 g Maronen (vorgegart und vakuumiert)

1 Den Zucker mit 400 ml Wasser in einem Topf aufkochen lassen. Die Maronen mit einem Messer etwas kleiner schneiden, hinzufügen und im Zuckersirup etwa 10 Minuten köcheln. Dabei soll die Flüssigkeit ruhig etwas einkochen.

2 Anschließend alles mit dem Standmixer cremig pürieren. Falls die Masse zu dick ist, einfach 50 bis 100 ml kochendes Wasser dazugeben, bis der Aufstrich die gewünschte sahnig-cremige Konsistenz hat.

3 Den warmen Aufstrich sofort in sterilisierte Twist-off-Gläser füllen und diese gut verschließen. Anschließend die Gläser umdrehen und auf die Deckel stellen, bis sie lauwarm abgekühlt sind. Dann die Gläser wieder umdrehen und vollständig auskühlen lassen. Im Kühlschrank hält sich der Aufstrich 1 bis 2 Wochen.

Bratapfelmus

Zutaten für 8 Gläser (à ca. 250 ml)
- Butter und Zimtzucker für die Form
- 100 ml brauner Rum
- 100 g Rosinen
- 10 säuerliche Äpfel (z.B. Elstar oder Boskop)
- 200 g Marzipanrohmasse
- 150 g Aprikosenkonfitüre
- 5 cl Orangenlikör (z.B. Grand Marnier)
- 1 EL Zitronensaft
- 150 ml Apfelsaft

1 Den Backofen auf 175 °C vorheizen. Eine große Auflaufform mit Butter einfetten und mit Zimtzucker ausstreuen. Den Rum in einem kleinen Topf leicht erwärmen und mit den Rosinen mischen.

2 Die Äpfel waschen, quer halbieren und das Kerngehäuse mit einem Kugelausstecher entfernen. Die Marzipanrohmasse mit Konfitüre, Likör und Zitronensaft mischen und in die Apfelhälften füllen. Die gefüllten Apfelhälften nebeneinander in die gebutterte Form setzen. Den Apfelsaft dazugießen und die Äpfel im Ofen auf mittlerer Schiene 30 bis 40 Minuten weich garen. Herausnehmen und abkühlen lassen. Die Backofentemperatur auf 200 °C erhöhen.

3 Auf die unterste Schiene des Ofens ein tiefes Backblech schieben, dieses mit zwei Blatt Küchenpapier belegen und ca. 2 cm hoch Wasser einfüllen. Die weichen Bratäpfel fein pürieren, mit den Rumrosinen mischen, sofort in sterilisierte Gläser füllen und diese gut verschließen. Die Gläser in das Blech stellen und etwa 20 Minuten einkochen. Anschließend bei geöffneter Ofentür vollständig abkühlen lassen. Bei kühler Zimmertemperatur hält es sich etwa 6 Monate.

Natürlich mit Liebe

Tannenduft und Honigkerzenschein, Strohsterne und Nikolausäpfel: Der schönste Weihnachtsschmuck ist für mich alles, was aus der Natur kommt. Deshalb verpacke ich meine Weihnachtsmitbringsel am liebsten ganz schlicht, nachhaltig und natürlich.

Zarte Bande
Als Deko für die g'schmackigen Mitbringsel aus der Küche eignen sich Gewürze. Am besten natürlich die, die auch im Geschenk drin sind! Beim **Eierlikör** ist das edle Vanille. Ein paar Schoten mit einem Bändchen um den Flaschenhals gebunden, machen das Geschenk noch edler und sind das perfekte i-Tüpferl: So können die Beschenkten die kostbare Deko gleich noch für andere Rezepte nutzen!

Weihnachtskugel aus der Natur
Esskastanien sind sehr dekorativ: Die Schale halb aufgebrochen, die stachelige Form, innen die Frucht – das hat Charme. Es lohnt sich, im Herbst ein paar davon zu sammeln und aufzuheben. Ein Exemplar passt perfekt auf das Geschenkglas obendrauf – und zeigt zugleich, was im **Maronenaufstrich** drin ist. Verpackt in eine durchsichtige Tüte aus kompostierbarem Zellophan oder Zellglas, ein farbiges Wollbändchen drum herum – mehr braucht es nicht!

Zum Naschen
Getrocknete Aprikosen und getrocknete Apfelringe sind schnell aufgereiht auf Küchengarn und halten als essbare Kette das in kompostierbares Zellophan verpackte **Bratapfelmus** im Glas fest. Noch ein Zweig von Tanne oder Fichte dazu, ein paar Zimtrinden – schon zeigt sich das süße Mitbringsel im weihnachtlichen Festgewand!

Nachhaltig verpackt
Wiederverwendbare Dinge sind für mich die beste Verpackung: schöne Küchentücher aus Leinen oder Baumwolle, Garne aus Hanf oder Wolle, als Deko ein Löffel aus Horn, dazu Gewürzstangen – das passt für selbst gemachte Geschenke aus der Küche am allerbesten. Durchsichtige Tüten bringen die dekorative Natürlichkeit am schönsten zur Geltung – gut, dass es inzwischen kompostierbare Beutel aus Zellophan gibt oder aus Zellglas, das aus nachwachsenden Rohstoffen hergestellt wird.

Krokantbällchen
Feine Plätzchen sind sensibel, sie brauchen eine Verpackung, die Halt und Schutz gibt. Und eine, die schön aussieht! Kleine Geschenkschachteln aus nachhaltiger Herstellung gibt es inzwischen in großer Auswahl, ob aus Graspapier oder Naturkarton. Die lassen sich schön beschriften, zum Beispiel in eigener Handschrift, mit Tinte – die Plätzchen sind ja auch handgemacht! Als kleines Zuckerl obendrauf ein kompostierbares Tütchen mit selbst gemachtem Vanille- oder Gewürzzucker, kleine Schleife drum – passt!

Vorspeisen & Suppen

VORSPEISEN & SUPPEN

Rote-Bete-Carpaccio
mit gebackenen Schwarzwurzeln

Zubereitung

1 Für das Carpaccio Kümmel, Pfeffer-, Koriander- und Pimentkörner sowie Zimt in eine Gewürzmühle füllen. Die Brühe in einem kleinen Topf aufkochen. Nach Belieben 1 bis 2 TL Speisestärke mit wenig kaltem Wasser glatt rühren, in die Brühe geben und diese köcheln lassen, bis sie sämig bindet. Noch etwa 2 Minuten köcheln lassen, dann vom Herd nehmen und Chilischote, Knoblauch und Ingwer hinzufügen. Essig und Zitronensaft unterrühren und die Marinade mit Salz und 1 Prise Zucker kräftig würzen.

2 Die Roten Beten in 2 bis 3 mm dicke Scheiben schneiden und in einer großen Form verteilen. Vorsichtig mit der Marinade mischen, zuletzt das Öl hinzufügen und alles mindestens 1 Stunde, besser über Nacht, ziehen lassen.

3 Für die Creme die Crème fraîche mit Orangensaft und -schale, Orangenblütenwasser und Olivenöl glatt verrühren. Mit Salz, Pfeffer und 1 Prise Zucker würzen. Die Creme in einen Einwegspritzbeutel füllen und beiseitelegen.

4 Für die Schwarzwurzeln die Schwarzwurzeln unter fließendem kaltem Wasser gründlich waschen, schälen, jeweils in 2 bis 4 Stücke schneiden und sofort in Zitronenwasser legen (dafür 1 l Wasser mit dem Zitronensaft mischen, dabei am besten mit Einweghandschuhen arbeiten). Anschließend die Schwarzwurzeln abgießen und in kochendem Salzwasser je nach Dicke 4 bis 5 Minuten bissfest garen. Dünnere Stücke etwa 2 Minuten später dazugeben. Die Schwarzwurzeln in ein Sieb abgießen, kalt abschrecken und abtropfen lassen.

5 Das Ei verquirlen und mit Chilisalz würzen. Den Strudelteig in 1 bis 3 mm dünne Streifen schneiden. Das Mehl in einen tiefen Teller geben. Die Schwarzwurzeln im Mehl wenden, durch das verquirlte Ei ziehen, kurz abtropfen lassen und jeweils mit Strudelteigstreifen umwickeln.

6 Das Öl in einem hohen Topf oder der Fritteuse auf 170 °C erhitzen. Die Schwarzwurzeln darin rundherum 2 bis 3 Minuten ausbacken. Herausnehmen, auf Küchenpapier abtropfen lassen und mit etwas Salz würzen.

7 Die Rote-Bete-Scheiben aus der Marinade nehmen und überlappend auf Tellern anrichten. Die Orangenblütencreme mit dem Spritzbeutel über die Roten Beten träufeln, dafür von diesem unten eine kleine Spitze abschneiden. Die Schwarzwurzeln daraufsetzen und alles nach Belieben mit Salatblättern oder Kresse garnieren.

Zutaten für 4 Personen
Für das Carpaccio
- je 1 TL ganzer Kümmel, schwarze Pfeffer-, Koriander- und Pimentkörner sowie ¼–½ TL Zimtsplitter für die Gewürzmühle
- 350 ml Gemüsebrühe
- 1–2 TL Speisestärke
- 1 kleine getr. rote Chilischote
- 2 Knoblauchzehen (in Scheiben)
- 4 Scheiben Ingwer
- 3 EL Rotweinessig
- 1 Spritzer Zitronensaft
- Salz, Zucker
- 400 g Rote Beten (vorgegart und vakuumiert), 2 EL Öl

Für die Creme
- 150 g Crème fraîche
- 1–2 TL Orangensaft
- 1 Msp. abgeriebene unbehandelte Orangenschale
- 1 TL Orangenblütenwasser (aus Apotheke oder Internet)
- 1–2 TL mildes Olivenöl
- Salz, Pfeffer aus der Mühle
- Zucker

Für die Schwarzwurzeln
- 4 Schwarzwurzeln (etwa 20 cm lang, 1,5–2 cm Durchmesser, à 60–70 g)
- 1–2 EL Zitronensaft, Salz
- 1 Ei, mildes Chilisalz
- 80 g fertige Strudelteigblätter
- 3 EL doppelgriffiges Mehl (Instant- oder Spätzlemehl)
- Öl oder Frittierfett zum Ausbacken

Brezensalat
mit Schafskäse und Oliven

Zutaten für 4 Personen
- 80 ml Gemüsebrühe
- 1–2 EL Rotweinessig
- 1 TL scharfer Senf
- 60 ml mildes Olivenöl
- Salz
- Pfeffer aus der Mühle
- mildes Chilipulver
- Zucker
- ¼ Salatgurke
- 1 rote Zwiebel
- 1 rote Paprikaschote
- 100 g Cocktailtomaten
- 200 g Romanasalat
- 400 g Feta (Schafskäse)
- Chilisalz
- 2 Brezenstangen (Laugenstangen)
- 1 EL Butter
- 1–2 EL gemischte Kräuterblätter (z.B. Basilikum, Dill, Petersilie; frisch geschnitten)
- 60 g Kalamata-Oliven (entsteint)
- 1 EL Kapern

Zubereitung

1 Die Brühe mit Essig und Senf in einen hohen Rührbecher geben, das Olivenöl nach und nach mit dem Stabmixer unterrühren und das Dressing mit Salz, Pfeffer und je 1 Prise Chilipulver und Zucker würzen.

2 Die Gurke waschen und längs halbieren. Die Kerne mit einem Löffel entfernen und die Gurkenhälften in Rauten schneiden. Die Zwiebel schälen und in dünne Spalten schneiden. Die Paprikaschote längs halbieren, entkernen, waschen und in Rauten schneiden. Die Tomaten waschen und halbieren. Den Romanasalat putzen, waschen, trocken schleudern und in mundgerechte Stücke zupfen.

3 Den Backofen auf 100 °C vorheizen. Den Schafskäse in Dreiecke (2 bis 3 cm Kantenlänge) schneiden, auf ein mit Backpapier belegtes Backblech legen und im Ofen auf der mittleren Schiene etwa 10 Minuten erwärmen. Mit Chilisalz würzen.

4 Von den Brezenstangen das Salz entfernen und die Stangen in dünne Scheiben schneiden. Die Butter in einer Pfanne erhitzen und die Scheiben darin auf beiden Seiten goldbraun braten. Herausnehmen, auf Küchenpapier abtropfen lassen und mit Chilisalz würzen.

5 Die Salatblätter mit Kräutern, Gurke, Zwiebel, Paprika und Tomaten in eine Schüssel geben, das Dressing dazugeben und gut mit den anderen Zutaten mischen. Den Salat auf Teller verteilen, die Käseecken auf dem Salat anrichten und die Brezenscheiben dazwischenstecken. Die Oliven und die Kapern darüberstreuen.

Tipp: Fetakäse wird aus Schafs- oder Ziegenmilch hergestellt. Er kann in diesem Rezept auch durch einen Salzlakenkäse aus Kuhmilch ersetzt werden.

VORSPEISEN & SUPPEN

Zweierlei Crostini

Zubereitung

1 **Für die Crostini mit Bohnencreme und Lamm** die weißen Bohnen in ein Sieb abgießen, kalt abbrausen und abtropfen lassen. Mit Brühe, Joghurt und Knoblauch in einen hohen Rührbecher geben. Alles mit Chilisalz, 1 Prise Zucker und Zatar würzen und mit dem Stabmixer fein pürieren. Die getrockneten Tomaten abtropfen lassen, in feine Würfel schneiden und gleichmäßig unter die pürierten Bohnen mischen.

2 Den Lammlachs in 16 Scheiben schneiden und jede Scheibe mit dem Handballen etwas flach drücken. Eine Pfanne bei mittlerer Temperatur erhitzen, das Öl mit einem Pinsel darin verstreichen und die Lammscheiben auf beiden Seiten etwa 1½ Minuten braten. Anschließend mit Chilisalz würzen.

3 **Für die Crostini mit Gurken-Minze-Dill-Aufstrich und Garnelen** die Gurke längs halbieren, die Kerne mit einem Teelöffel entfernen und die Gurkenhälften in 5 mm große Würfel schneiden. Die Gurkenwürfel in Salzwasser etwa 1 Minute blanchieren. Dann in ein Sieb abgießen, kalt abschrecken und abtropfen lassen. Den Frischkäse mit dem Joghurt glatt rühren und die Gurkenwürfel untermischen. Dill, Minze und Zitronenschale unterziehen und den Aufstrich mit Chilisalz würzen.

4 Die Garnelen schälen, am Rücken nicht zu tief einschneiden und den Darm vorsichtig herausziehen. Die Garnelen waschen, trocken tupfen und längs halbieren. Eine Pfanne bei mittlerer Temperatur erhitzen und das Öl mit einem Pinsel darin verstreichen. Die Garnelen hineinlegen und Knoblauch, Rosmarin, Vanilleschote, Kardamom und Zimtrindensplitter dazugeben. Die Garnelen 1 bis 1½ Minuten anbraten, wenden und die Pfanne vom Herd nehmen. Die Garnelen in der Nachhitze der Pfanne noch 1 bis 2 Minuten durchziehen lassen, das Olivenöl dazugeben und die Garnelen mit Chilisalz würzen.

5 Die Baguettescheiben in einer Pfanne ohne Fett auf beiden Seiten goldbraun rösten. Herausnehmen, 8 Baguettescheiben mit der Bohnencreme bestreichen und mit Lammscheiben belegen. Die Minze waschen, trocken tupfen und die Crostini damit garnieren.

6 Die übrigen 8 Baguettescheiben etwas abkühlen lassen. Den Aufstrich darauf verteilen. Die Garnelen aus dem Gewürzöl nehmen und daraufsetzen. Die Kräuter waschen und trocken schütteln und die Crostini damit garnieren. Reste des Gurken-Minze-Dill-Aufstrichs halten sich zugedeckt im Kühlschrank bis zu 2 Tage.

Zutaten für je 8 Stück
Für die Crostini mit Bohnencreme und Lamm
- 1 kleine Dose weiße Bohnen (240 g Abtropfgewicht)
- 4–5 EL Gemüsebrühe
- 1 EL Naturjoghurt
- 1 Knoblauchzehe (fein gerieben)
- mildes Chilisalz, Zucker
- ½ TL Zatar (arab. Gewürzmischung)
- 6 getrocknete Tomaten (in Öl)
- 150–170 g Lammlachs (ca. 15 cm lang)
- ½ TL Öl

Für die Crostini mit Gurken-Minze-Dill-Aufstrich und Garnelen
- 150 g Salatgurke, Salz
- 200 g Doppelrahmfrischkäse
- 80 g griech. Joghurt (10 % Fett)
- 1–2 TL Dillspitzen und 2 Minzeblätter (jeweils frisch geschnitten)
- 1 Msp. abgeriebene unbehandelte Zitronenschale
- mildes Chilisalz
- 8 Riesengarnelen (ohne Kopf, mit Schale)
- ½ TL Öl
- 1 Knoblauchzehe (in Scheiben)
- 1 kleiner Zweig Rosmarin
- 1 Stück Vanilleschote (ca. 3 cm)
- 2 Kardamomkapseln (angedrückt)
- 2 Splitter Zimtrinde, 1 EL Olivenöl

Außerdem
- 16 Scheiben Baguette
- 8 Minzeblätter und gemischte Kräuterblätter zum Garnieren

Kastaniensuppe mit Marzipan
und Südtiroler Speck

Zutaten für 4 Personen
Für die Kastaniensuppe
- 800 ml Hühnerbrühe
- 350 g Esskastanien (Maronen; vorgegart und vakuumverpackt)
- ½ TL gehackte Zartbitterkuvertüre
- 1 TL Marzipanrohmasse
- 200 g Sahne
- ¼ ausgekratzte Vanilleschote
- 1 Msp. abgeriebene unbehandelte Orangenschale
- 30 g kalte Butter
- Salz
- mildes Chilipulver

Außerdem
- 1 Vinschgerl
- 1 TL braune Butter (siehe S. 83)
- mildes Chilisalz
- 8 Rosenkohlröschen
- Salz
- je ½ TL Zimtsplitter, Koriander- und schwarze Pfefferkörner für die Gewürzmühle
- 6 dünne Scheiben Südtiroler Speck

Zubereitung

1 Für die Kastaniensuppe die Brühe mit den Kastanien in einen Topf geben und einmal aufkochen. Die Kuvertüre mit dem Marzipan dazugeben. Dann die Sahne hinzufügen und alles mit dem Stabmixer fein pürieren.

2 Die Vanilleschote hinzufügen, in der Suppe 1 bis 2 Minuten ziehen lassen und wieder entfernen. Dann die Orangenschale und die kalte Butter in kleinen Stücken dazugeben und beides mit dem Stabmixer unterrühren. Die Kastaniensuppe mit Salz und Chilipulver würzen und bis zum Servieren warm halten, aber nicht mehr kochen lassen.

3 Das Vinschgerl in 1 bis 2 cm große rechteckige Stücke schneiden und in einer Pfanne ohne Fett anrösten. Etwas braune Butter dazugeben und die Croûtons mit Chilisalz würzen.

4 Vom Rosenkohl die äußeren Blätter entfernen. Die einzelnen Blätter ablösen und in kochendem Salzwasser etwa 2 Minuten bissfest blanchieren. In ein Sieb abgießen, kalt abschrecken und abtropfen lassen.

5 Zum Servieren Zimt, Koriander- und Pfefferkörner in eine Gewürzmühle füllen. Die Kastaniensuppe nochmals mit dem Stabmixer aufschäumen und auf vorgewärmte tiefe Teller verteilen.

6 Die Speckscheiben halbieren, aufrollen und jeweils 3 Rollen mit dem Fettrand nach oben mittig in die Suppe setzen. Die Rosenkohlblätter und die Croûtons darum herumstreuen und mit der Mischung aus der Gewürzmühle leicht würzen.

Tipp: Das Marzipan verleiht der Kastaniensuppe noch einen Hauch von Bittermandelgeschmack. Stattdessen können Sie die Suppe auch mit einigen Tropfen Mandellikör (z. B. Amaretto) verfeinern.

VORSPEISEN & SUPPEN

Lachsforelle auf Gurkensalat
mit Ingwer und Mohn

Zubereitung

1 **Für den Salat** die Gurken waschen und mit einem Gemüsehobel in dünne Scheiben hobeln. Mit etwas Salz bestreuen, gut mischen und einige Minuten ziehen lassen. Mit Pfeffer und 1 Prise Zucker würzen.

2 Den eingelegten Ingwer in Streifen schneiden und zusammen mit dem Einlegefond und dem Essig zu den Gurken geben. Das Ganze einige Minuten ziehen lassen, die austretende Flüssigkeit von den Gurken entfernen (eventuell durch ein Sieb drücken) und für den Schmand beiseitestellen. Das Öl und den Dill unter die Gurken heben.

3 Den Schmand in einen hohen Rührbecher füllen, etwa 3 EL Gurkensaft hinzufügen und alles mit dem Stabmixer aufschäumen. Mit dem Chilisalz abschmecken.

4 **Für die Lachsforelle** den Backofen auf 90 °C vorheizen. Die Lachsforellenfilets waschen und trocken tupfen. Auf ein mit etwas brauner Butter eingefettetes Backblech legen, mit Frischhaltefolie bedecken und im Ofen 15 bis 20 Minuten gar ziehen lassen. Anschließend mit brauner Butter bestreichen und mit Chilisalz würzen.

5 Inzwischen den Mohn in einer Pfanne bei mittlerer Hitze ohne Fett einige Minuten anrösten, bis er zu duften beginnt. Den Mohn aus der Pfanne nehmen.

6 Den Gurkensalat auf vorgewärmten Tellern anrichten, die Lachsforellenfilets danebensetzen und den Schmand außen herumträufeln. Den Mohn darüberstreuen und alles mit Dillspitzen garnieren.

Tipp: Durch das Rösten schmeckt der Mohn noch nussiger. Wichtig ist, ihn unter ständigem Rühren und Beobachten bei milder Hitze zu rösten. Wird er durch das austretende Mohnöl dunkler und fängt an zu duften, ist es Zeit, ihn aus der Pfanne zu nehmen, damit er nicht zu heiß wird.

Zutaten für 4 Personen
Für den Gurkensalat
- 2 kleine Salatgurken
- Salz
- Pfeffer aus der Mühle
- Zucker
- 1 EL eingelegte Ingwerscheiben und 1 EL Ingwereinlegefond
- 1 TL Weißweinessig
- 2–3 EL mildes Salatöl
- 1 EL Dillspitzen (frisch geschnitten)
- 200 g Schmand
- mildes Chilisalz

Für die Lachsforelle
- 8 Lachsforellenfilets (à ca. 70 g; ohne Haut und Gräten)
- 2–3 EL warme braune Butter (siehe S. 83)
- mildes Chilisalz

Außerdem
- 2 TL Mohn
- einige Dillspitzen

VORSPEISEN & SUPPEN

Tomaten-Karotten-Suppe
mit Bergkäse-Kräuter-Nockerln

Zutaten für 4 Personen

Für die Tomaten-Karotten-Suppe
- 1 Zwiebel (ca. 150 g)
- 1 Karotte (ca. 75 g)
- 1 EL mildes Olivenöl
- 500 ml Gemüsebrühe
- 500 g stückige Tomaten (aus der Dose)
- 1 Knoblauchzehe (in Scheiben)
- 1 Msp. geriebener Ingwer
- Salz
- Zucker
- Vanillepulver
- milde Chiliflocken

Für die Bergkäse-Kräuter-Nockerl
- 70 g geriebener Bergkäse
- 1 Ei
- 200 g Ricotta
- 70 g doppelgriffiges Mehl (Instant- oder Spätzlemehl)
- 2 EL Kräuter (z.B. Petersilie, Kerbel, Dill, wenig Estragon; frisch geschnitten)
- Salz
- ½ TL Brotgewürz (aus Kümmel, Koriander und Fenchel)
- mildes Chilisalz
- frisch geriebene Muskatnuss

Zubereitung

1 **Für die Tomaten-Karotten-Suppe** die Zwiebel schälen und in feine Würfel schneiden. Die Karotte putzen, schälen und in Scheiben schneiden. Das Öl in einem Topf erhitzen und Zwiebelwürfel und Karottenscheiben darin bei milder Hitze andünsten.

2 Die Brühe sowie die Tomaten hinzufügen und alles knapp unter dem Siedepunkt 30 Minuten ziehen lassen, bis Zwiebel und Karotte weich sind. Die Knoblauchscheiben und den Ingwer hinzufügen und die Suppe mit dem Stabmixer pürieren. Die Suppe mit Salz sowie je 1 Prise Zucker, Vanillepulver und Chiliflocken abschmecken.

3 **Für die Bergkäse-Kräuter-Nockerl** den Bergkäse mit dem Ei, dem Ricotta, dem Mehl und den Kräutern in eine Schüssel geben. Alles mit Salz, Brotgewürz, etwas Chilisalz und Muskatnuss würzen und zu einer glatten Masse verarbeiten.

4 Ausreichend Salzwasser in einem Topf erhitzen. Aus der Masse mit zwei nassen Esslöffeln kleine Nockerl formen und im Salzwasser knapp unter dem Siedepunkt 5 bis 10 Minuten garen. Mit dem Schaumlöffel aus dem Wasser nehmen und kurz abtropfen lassen.

5 Die Tomaten-Karotten-Suppe nochmals mit dem Stabmixer aufschäumen, in vorgewärmte tiefe Teller verteilen und die Bergkäse-Kräuter-Nockerl hineinsetzen. Nach Belieben mit frischen Kräutern garnieren und mit 1 Klecks Pesto beträufeln.

Tipp: Die Süße der Karotten harmoniert perfekt mit der Säure der Tomaten. Deshalb kann man zu fast allen Rezepten mit Tomaten auch eine kleine Menge Karotten hinzufügen. Die Karotten sollten dabei möglichst klein geschnitten sein, weil die Tomatensäure die Garzeit der Karotten verlängert. Ebenso hervorragend passt Zimtaroma zu Tomaten. Hier können Sie einfach zum Schluss noch etwas geriebene Zimtrinde in die Tomaten-Karotten-Suppe rühren.

VORSPEISEN & SUPPEN

Blumenkohl-Curry-Suppe
mit Lachs

Zubereitung

1 Den Blumenkohl putzen, waschen und in einzelne Röschen teilen. Die Brühe in einem Topf aufkochen und die Blumenkohlröschen darin knapp unter dem Siedepunkt etwa 20 Minuten weich garen. Dabei nach etwa 15 Minuten ein Drittel der Blumenkohlröschen mit dem Schaumlöffel herausheben und für die Suppeneinlage beiseitestellen.

2 Sahne, Knoblauch, Ingwer und Currypulver zur Suppe geben und mit dem Stabmixer unterrühren. Die kalte Butter in Stücken dazugeben und mit dem Stabmixer untermischen. Die Suppe mit Chilisalz und etwas Zitronenschale abschmecken und die beiseitegestellten Blumenkohlröschen dazugeben.

3 Das Lachsfilet waschen, trocken tupfen und in 1,5 bis 2 cm große Würfel schneiden. Kurz vor dem Servieren in die heiße Suppe geben und etwa 3 Minuten darin gar ziehen lassen.

4 Zum Servieren die Suppe auf vorgewärmte Gläser oder Schalen verteilen und mit den Schnittlauchstiften bestreuen.

Tipp: Die Blumenkohl-Curry-Suppe lässt sich ausgezeichnet vorbereiten: Dafür die Suppe wie in Step 1 und 2 beschrieben zubereiten, abkühlen lassen und kühl stellen. Zum Servieren die Suppe nochmals erhitzen und mit dem Lachs wie beschrieben fertigstellen. Die Suppe eignet sich auch zum Mitnehmen. Einfach fertigkochen, in gut verschließbare Plastikdosen füllen und vor Ort (z. B. im Büro) wieder aufwärmen. Alternativ die warme Suppe in einer Thermoskanne mitnehmen, dazu dann nach Belieben alle Blumenkohlröschen pürieren.

Zutaten für 4 Personen

- 1 Blumenkohl (ca. 800 g)
- 800 ml Gemüsebrühe
- 200 g Sahne
- 1 fein geriebene Knoblauchzehe
- ½ TL fein geriebener Ingwer
- 1 EL mildes Currypulver
- 20 g kalte Butter
- mildes Chilisalz
- 1 Msp. abgeriebene unbehandelte Zitronenschale
- 300 g Lachsfilet
- 1–2 TL Schnittlauch (in 1 cm lange Stifte geschnitten)

Gebratener Zander
auf Karotten-Zimt-Salat

Zutaten für 4 Personen
Für den Karotten-Zimt-Salat
- 1 weiße Zwiebel (ca. 150 g)
- 6 Karotten (ca. 500 g)
- 2 TL Puderzucker
- 200 ml Gemüsebrühe
- 1 Knoblauchzehe (in Scheiben)
- 3 Scheiben Ingwer
- 1 kleine Zimtrinde
- 10 grüne Kardamomkapseln
- 1 Gewürznelke
- ½ ausgekratzte Vanilleschote
- ½ TL Speisestärke
- je 1 Streifen unbehandelte Zitronen- und Orangenschale
- Saft von ½ kleinen Zitrone
- 2–3 EL mildes Olivenöl
- frisch geriebene Muskatnuss
- mildes Chilisalz
- 1 EL Petersilie (frisch geschnitten)
- 1 EL Pistazienkerne (grob gehackt)

Für den Dill-Joghurt
- 150 g griechischer Joghurt
- 1–2 EL Milch
- 1 EL Dill (frisch geschnitten)
- 1 Spritzer Zitronensaft
- je 1 Msp. abgeriebene unbehandelte Zitronen- und Orangenschale
- Salz
- mildes Chilipulver
- Zucker

Für den Zander
- 500 g Zanderfilet (mit Haut)
- 1 TL Öl, mildes Chilisalz
- 1 EL Olivenöl

Zubereitung

1 **Für den Karotten-Zimt-Salat** die Zwiebel schälen und in feine Würfel schneiden. Die Karotten putzen, schälen und schräg in 5 mm breite Scheiben schneiden. Den Puderzucker in einem Topf bei mittlerer Hitze hell karamellisieren. Die Zwiebel darin andünsten, die Karotten dazugeben und kurz mitdünsten. Mit der Brühe ablöschen. Knoblauch, Ingwer, Zimt, Kardamom, Gewürznelke und Vanilleschote dazugeben. Die Karotten zugedeckt etwa 10 Minuten weich dünsten.

2 Alles in ein Sieb abgießen, dabei den Sud auffangen und die Gewürze entfernen. Die Speisestärke mit wenig kaltem Wasser glatt rühren. Den Sud in einem kleinen Topf aufkochen lassen und die Speisestärke unterrühren. Die Zitronen- und Orangenschale einlegen und alles 1 Minute leicht köcheln lassen. Den Topf vom Herd nehmen, Zitronen- und Orangenschale entfernen. Den Zitronensaft dazugeben, das Olivenöl untermixen und die Marinade mit etwas Muskatnuss und Chilisalz würzen. Dann mit den gedünsteten Karotten und der Petersilie in einer Schüssel mischen und, falls nötig, noch etwas nachwürzen.

3 **Für den Dill-Joghurt** den Joghurt mit der Milch und dem Dill verrühren und mit Zitronensaft, Zitronen- und Orangenschale, Salz sowie je 1 Prise Chilipulver und Zucker würzen.

4 **Für den Zander** das Fischfilet waschen, trocken tupfen und in 8 gleich große Stücke schneiden. Das Öl in einer Pfanne erhitzen und das Zanderfilet darin mit der Hautseite nach unten bei mittlerer Hitze 3 bis 4 Minuten kross anbraten. Den Fisch wenden, die Pfanne vom Herd nehmen und den Fisch in der Resthitze glasig durchziehen lassen. Auf Küchenpapier abtropfen, mit Chilisalz würzen und mit dem Olivenöl beträufeln.

5 Den Karotten-Zimt-Salat auf Vorspeisentellern anrichten, die Fischstücke daraufsetzen und die Pistazien darum herumstreuen. Den Dill-Joghurt danebensetzen.

Tipp: Wird Zimt am Stück mitgedünstet oder -geschmort, gibt er nach und nach eine feine Zimtnote ab, die das Gericht gut aufnehmen kann. Vor dem Servieren lässt er sich dann ganz leicht entfernen. Nach Belieben kann man die Zimtrinde aber auch zum Schluss ganz fein in ein Gericht reiben.

Vegetarische Hauptgerichte

Polentastrudel
mit Kräuter-Pesto-Joghurt

Zubereitung

1 Für die Füllung die getrockneten Pilze in einem Topf mit Wasser aufkochen, vom Herd nehmen und 10 bis 15 Minuten ziehen lassen. In ein Sieb abgießen, abtropfen und abkühlen lassen, dann in 0,5 bis 1 cm große Blättchen schneiden.

2 Das Tramezzini-Brot in 0,5 bis 1 cm große Würfel schneiden und mit 2 EL Milch beträufeln. Die getrockneten Tomaten abtropfen lassen und in ½ bis 1 cm große Stücke schneiden.

3 Brühe und übrige Milch in einen Topf geben, mit Salz und Pfeffer würzen und aufkochen. Die Polenta einrieseln lassen und bei milder Hitze unter Rühren einige Minuten dicklich einköcheln lassen (je nach Hersteller kann die Garzeit schwanken). Den Topf vom Herd nehmen und Trockenpilze, Brotwürfel, getrocknete Tomaten und Pistazien unter die Polentamasse rühren. Ei und Eigelb verquirlen und mit Parmesan und Zatar unterrühren. Bei Bedarf etwas nachwürzen.

4 Für die Strudel jeweils 1 Strudelblatt auf ein Küchentuch legen und mit zerlassener Butter bestreichen, mit einem zweiten Strudelblatt belegen, ebenfalls mit Butter bestreichen und mit einem dritten Blatt belegen. Ein Viertel der Füllung in der Mitte als längliches Rechteck (etwa 6 × 12 cm Größe) auf dem Teig verteilen. Eigelb und Sahne verquirlen und die Strudelteigränder damit bestreichen. Den Teig über der Füllung zusammenklappen, die seitlichen Enden andrücken und bis auf etwa 1 cm abschneiden. Übrige Strudelteigblätter und Füllung auf dieselbe Weise zu 3 weiteren Strudeln verarbeiten. Die Strudel warm halten.

5 Für den Joghurt zuerst ein Pesto herstellen: Dazu die Petersilienblätter von den Stielen zupfen, waschen und in Salzwasser blanchieren. In ein Sieb abgießen, kalt abschrecken und abtropfen lassen. Mit den Händen das übrige Wasser ausdrücken.

6 Basilikum und Dill waschen, trocken tupfen, die Blätter bzw. Spitzen abzupfen und mit der Petersilie in den Blitzhacker geben. Parmesan, Mandeln, Knoblauch, Olivenöl, braune Butter und Brühe hinzufügen und alles zu einer Paste mixen. Den Joghurt mit 2 EL Kräuterpesto verrühren (das übrige Pesto anderweitig verwenden) und mit Chilisalz würzen.

7 Die Strudel nach Belieben halbieren, auf Teller verteilen und mit dem Kräuterjoghurt servieren. Dazu passt auch ein Blattsalat sehr gut.

Zutaten für 4 Personen
Für die Füllung
- 1 EL getr. Trompetenpilze
- 40 g Tramezzini-Brot (ca. 12 x 24 cm)
- 150 ml Milch
- 40 g getr. Tomaten (in Öl)
- 120 ml Gemüsebrühe
- Salz, Pfeffer aus der Mühle
- 100 g Instant-Polenta
- 1 geh. EL Pistazienkerne
- 1 Ei + 1 Eigelb
- 2 EL geriebener Parmesan
- 1 TL Zatar (arab. Gewürzmischung)

Für die Strudel
- 12 Strudelteigblätter (ca. 15 x 15 cm; aus dem Kühlregal)
- 2 EL zerlassene Butter
- 1 Eigelb, 1 EL Sahne
- 1–2 EL Öl

Für den Joghurt
- je 1 Bund Petersilie, Basilikum und Dill
- Salz
- 1 TL geriebener Parmesan
- 1 TL geröstete Mandelblättchen
- 1 fein geriebene kleine Knoblauchzehe
- 3 EL mildes Olivenöl
- 3 EL zerlassene braune Butter (etwas abgekühlt; siehe S. 83)
- 3 EL Gemüsebrühe
- 150 g griech. Joghurt (10 % Fett)
- mildes Chilisalz

Kürbisrahmgulasch
mit Kartoffelwürfeln

Zutaten für 4 Personen
Für die Sauce
- 1 rote Paprikaschote
- 250 g Butternuss- oder Muskatkürbis
- ½ TL Öl
- 1 TL Tomatenmark
- 250 ml Gemüsebrühe
- 1 TL Paprikapulver (edelsüß)
- 1 Msp. Räucherpaprika (Pimentón de la vera picante)
- 1–2 Knoblauchzehen
- 1 TL ganzer Kümmel für die Gewürzmühle
- 1 TL getr. Majoran
- ½–1 TL abgeriebene unbehandelte Zitronenschale
- 100 g Sahne
- Salz

Für das Gemüse
- je 2 rote und grüne Paprikaschoten (ca. 900 g)
- 170 ml Gemüsebrühe
- 2 TL kalte Butter
- mildes Chilisalz
- 600 g Butternuss- oder Muskatkürbis

Für die Kartoffelwürfel
- 2 festkochende Kartoffeln
- Salz
- 1 TL Öl
- mildes Chilisalz

Zubereitung

1 Für die Sauce die Paprika längs halbieren, entkernen und waschen. Die Hälften mit dem Sparschäler schälen und in kleine Würfel schneiden. Den Kürbis schälen, die Kerne mit einem Löffel entfernen und das Kürbisfleisch in 1 cm große Würfel schneiden.

2 Einen Topf bei milder Temperatur erhitzen. Das Öl mit einem Pinsel darin verstreichen und Kürbis und Paprika etwas andünsten. Das Tomatenmark dazugeben und kurz mitrösten. Die Brühe dazugießen, mit einem Blatt Backpapier bedecken und das Gemüse knapp unter dem Siedepunkt etwa 30 Minuten weich garen.

3 Inzwischen Paprikapulver und Räucherpaprika mit etwas Wasser verrühren. Für das Gulaschgewürz den Knoblauch schälen und in eine Schüssel reiben. Mit Kümmel aus der Gewürzmühle, Majoran und Zitronenschale mischen.

4 Die Sahne mit dem angerührten Paprikapulver und etwa drei Vierteln des Gulaschgewürzes zum Gemüse geben und das Ganze mit dem Stabmixer zu einer glatten Sauce pürieren. Einige Minuten ziehen lassen und mit Salz sowie nach Bedarf noch mit etwas Gulaschgewürz würzen.

5 Für das Gemüse die Paprikaschoten längs halbieren, entkernen und waschen. Die Hälften mit einem Sparschäler schälen und in 1 cm große Stücke schneiden. Mit 70 ml Brühe in einen Topf geben, mit einem Blatt Backpapier bedecken und knapp unter dem Siedepunkt etwa 10 Minuten weich dünsten. Zuletzt 1 TL kalte Butter unterrühren und die Paprikawürfel mit Chilisalz würzen.

6 Inzwischen den Kürbis schälen, die Kerne mit einem Löffel entfernen und das Kürbisfleisch in 1 cm große Würfel schneiden. Mit der übrigen Brühe in einen Topf geben, mit einem Blatt Backpapier bedecken und alles knapp unter dem Siedepunkt etwa 15 Minuten weich garen. Zuletzt die restliche kalte Butter unterrühren und mit Chilisalz würzen.

7 Für die Kartoffelwürfel die Kartoffeln schälen, waschen, in 1 cm große Würfel schneiden und in Salzwasser etwa 10 Minuten fast gar kochen. In ein Sieb abgießen, abtropfen und ausdampfen lassen. Bei Bedarf mit einem Küchentuch noch etwas trocken tupfen. Eine Pfanne bei mittlerer Temperatur erhitzen, das Öl mit einem Pinsel darin verstreichen und die Kartoffelwürfel goldbraun braten. Mit Chilisalz würzen.

8 Die Sauce auf vorgewärmte tiefe Teller verteilen, Paprika und Kürbis mittig darauf anrichten und die Kartoffelwürfel darüber verteilen. Nach Belieben mit frisch geschnittenen Petersilienblättern bestreuen und sofort servieren.

Gebackene Auberginen
auf Tomaten-Spaghetti

Zubereitung

1 **Für die gebackenen Auberginen** die Eier mit dem Parmesan und 1 EL Mehl in einer Schüssel zu einer sämigen Masse verquirlen und mit Chilisalz und Muskatnuss würzen. (Die Menge der Eier hängt davon ab, wie fein der Parmesan gerieben ist. Je feiner, umso mehr Eier bindet der Käse.) Die Aubergine putzen, waschen und quer in 4 bis 5 mm dicke Scheiben schneiden.

2 Das übrige Mehl mit dem Zatar in einem tiefen Teller mischen. In einer Pfanne das Öl erhitzen. Die Auberginenscheiben nacheinander zuerst im Mehl wenden, dann durch die Ei-Parmesan-Masse ziehen und etwas ablaufen lassen. In der Pfanne bei milder Hitze im Öl auf beiden Seiten je etwa 3 Minuten langsam hell anbraten. Herausnehmen und auf Küchenpapier abtropfen lassen, warm halten.

3 **Für die Sauce** Zwiebel und Karotte putzen, schälen und in feine Würfel schneiden. Den Puderzucker in einem Topf hell karamellisieren und Zwiebel und Karotte darin bei milder Hitze einige Minuten andünsten. Das Tomatenmark dazugeben und kurz mitdünsten. Passierte Tomaten und Brühe dazugeben und alles offen bei milder Hitze 20 Minuten köcheln lassen. Den Knoblauch schälen und dazupressen, mit 1 Prise Oregano würzen. Die Sauce mit dem Stabmixer fein pürieren, dabei das Olivenöl hineinlaufen lassen, und zuletzt mit Chilisalz würzen.

4 **Für die Nudeln** die Spaghetti in reichlich kochendem Salzwasser mit dem Ingwer 3 Minuten kürzer als auf der Packung angegeben garen. In ein Sieb abgießen und abtropfen lassen, den Ingwer entfernen. Zum Servieren die Brühe in einer tiefen Pfanne erhitzen. Die Spaghetti dazugeben und etwa 2 Minuten garen, bis sie fast die gesamte Flüssigkeit aufgenommen haben. Zuletzt das Olivenöl unterrühren.

5 **Für die Tomaten** die Tomaten waschen und halbieren. Mit dem Olivenöl in einer Pfanne kurz erhitzen, mit Chilisalz würzen. Das Basilikum untermischen.

6 Zum Servieren die Spaghetti mit einer Fleischgabel aufdrehen und auf vorgewärmten Tellern anrichten. Die Tomatensauce darauf verteilen, die Auberginen-Piccata dazulegen und die Cocktailtomaten daraufsetzen. Nach Belieben mit Basilikumblättern garnieren.

Zutaten für 4 Personen

Für die gebackenen Auberginen:
- 2–3 Eier
- 80 g geriebener Parmesan
- 80 g doppelgriffiges Mehl (Instant- oder Spätzlemehl)
- mildes Chilisalz
- frisch geriebene Muskatnuss
- 1 mittelgroße Aubergine (ca. 250 g)
- 1 TL Zatar (arab. Gewürzmischung; ersatzweise getr. italienische Kräuter)
- 1–2 EL Öl zum Braten

Für die Sauce
- je ½ Zwiebel und kleine Karotte
- ½ TL Puderzucker
- 1 TL Tomatenmark
- 400 g passierte Tomaten (aus der Dose)
- 80 ml Gemüsebrühe
- 1 Knoblauchzehe
- getr. Oregano
- 2 EL mildes Olivenöl
- mildes Chilisalz

Für die Nudeln
- 300 g Spaghetti, Salz
- 3 Scheiben Ingwer
- 200 ml Gemüsebrühe
- 1 EL mildes Olivenöl

Für die Tomaten
- 150 g bunte Cocktailtomaten (rot und gelb)
- 1 TL Olivenöl, mildes Chilisalz
- 1 TL Basilikumblätter (frisch geschnitten)

Kartoffel-Mohn-Gnocchi
mit Spinat-Birne und Blauschimmelkäse

Zutaten für 4 Personen
Für die Gnocchi
- 700 g mehligkochende Kartoffeln
- Salz
- 1 EL Mohn
- 50 g Speisestärke
- 2 Eigelb
- Mehl zum Ausrollen
- etwas Öl für das Tablett

Außerdem
- 150 g Babyspinat
- 1 reife rotschalige Birne
- 100 g Blauschimmelkäse (entrindet)
- 70 ml Gemüsebrühe
- 1 Streifen unbehandelte Orangenschale
- 1 Knoblauchzehe (in Scheiben)
- 3 Scheiben Ingwer
- 1 Splitter Zimtrinde
- 5 Salbeiblätter
- Chilisalz
- Pfeffer aus der Mühle
- frisch geriebene Muskatnuss

Zubereitung

1 Für die Gnocchi die Kartoffeln schälen und waschen, in Salzwasser (etwa 20 Minuten) weich kochen und abgießen. Heiß durch eine Kartoffelpresse drücken, auf einem Tablett ausbreiten und 5 bis 10 Minuten bei Zimmertemperatur auskühlen lassen. Den Mohn in einer Pfanne ohne Fett bei milder Hitze rösten, bis er zu duften beginnt. Aus der Pfanne nehmen.

2 Von der Kartoffelmasse 600 g abwiegen, auf eine Arbeitsfläche geben und mit Speisestärke, Mohn und etwas Salz bestreuen. Die Eigelbe daraufgeben und alle Zutaten mit den Händen rasch zu einem glatten Teig verkneten. Mit etwas Mehl zu 2 cm breiten Rollen formen und diese in 1 bis 2 cm lange Stücke schneiden.

3 Reichlich Salzwasser zum Kochen bringen, die Gnocchi darin kochen, bis sie nach oben steigen, und weitere 2 Minuten darin ziehen lassen. Mit einer Schaumkelle herausheben, nebeneinander auf ein geöltes Tablett geben, auskühlen lassen und zugedeckt bis zum Gebrauch aufbewahren.

4 Den Spinat verlesen, waschen und trocken schleudern. Die Birne waschen, Kerngehäuse entfernen und die Birne in 1 cm große Würfel schneiden. Den Blauschimmelkäse in kleine Stücke schneiden.

5 Die Brühe in einer großen tiefen Pfanne mit Orangenschale, Knoblauch, Ingwer, Zimtrindensplitter und Salbeiblättern erwärmen. Die vorgekochten Gnocchi hineingeben und darin erhitzen. Spinat und Birnenwürfel dazugeben und ebenfalls darin erhitzen. Die Pfanne vom Herd nehmen und den Blauschimmelkäse unterziehen. Die Gnocchi mit Chilisalz, Pfeffer und Muskatnuss würzen und alle ganzen Gewürze vor dem Servieren entfernen.

VEGETARISCHE HAUPTGERICHTE

Käsefondue

Zubereitung

1 Eine Fonduepfanne mit der Schnittfläche der Knoblauchhälfte ausreiben. Den Weißwein einfüllen und auf dem Herd bei mittlerer Temperatur erhitzen, jedoch nicht kochen lassen.

2 Inzwischen die Speisestärke mit dem Käse vermischen und nach und nach mit einem Kochlöffel in den heißen Weißwein einrühren. Den geriebenen Käse dabei immer wieder etwas erhitzen, bevor die nächste Portion Käse hinzugefügt wird.

3 Das Käsefondue bei milder Hitze am Kochpunkt so lange rühren, bis eine cremige Konsistenz entsteht. Ist die Masse zu dick, kann noch etwas Weißwein hinzugefügt werden. Kurz vor dem Servieren das Kirschwasser unterrühren. Nach Belieben Pfeffer darübermahlen.

4 Das Fondue auf einem Rechaud auf den Tisch stellen. Die Brotstückchen auf die Fonduegabeln spießen und durch den Käse ziehen.

Tipp: Emmentaler und Appenzeller sind klassische Käsesorten für das Käsefondue. Ich verwende auch gerne Greyerzer und Fontina, je zu gleichen Teilen. Damit die Masse nicht gerinnt, ist es wichtig, dass der Käse bei milder Hitze schmilzt und dabei ständig gerührt wird. Die Speisestärke sorgt für Bindung.
Meist sieht es in den ersten Minuten nicht so aus, als ob das Fondue noch schön cremig werden würde. Hier ist es wichtig, beständig weiterzurühren, bis nach 15 bis 20 Minuten ein feines Käsefondue entstanden ist.

Zutaten für 4 Personen

- ½ Knoblauchzehe
- 300 ml Weißwein (je nach Konsistenz ggf. etwas mehr)
- 2 geh. EL Speisestärke
- 800 g geriebener Fonduekäse
- 4 cl Kirschwasser
- Pfeffer aus der Mühle
- 1 Baguette (in große Würfel geschnitten)

VEGETARISCHE HAUPTGERICHTE

Kürbis-Tortelli
mit brauner Butter

Zutaten für 4 Personen:
Für die Füllung
- 600 g Muskatkürbis
- 1 Knoblauchzehe (geschält und halbiert)
- je 1 Streifen unbehandelte Zitronen- und Orangenschale
- Meersalz
- 2 Zweige Thymian
- 50 g Speisequark
- 1–2 EL Weißbrotbrösel
- 3 EL braune Butter (siehe S. 83)
- 1 EL geriebener Parmesan
- Salz
- frisch geriebene Muskatnuss
- mildes Chilipulver

Für den Teig
- 140 g Mehl
- 60 g Hartweizengrieß
- 2 Eier (Größe S)
- 1–2 EL Olivenöl
- Salz

Außerdem
- Mehl zum Bestäuben
- 1–2 verquirlte Eiweiß
- Salz
- 80 ml Gemüsebrühe
- 2 EL Butter
- 2 EL braune Butter
- 1 Knoblauchzehe (halbiert)
- 1–2 Zweige Thymian
- 2–3 EL geriebener Parmesan (ersatzweise Pecorino oder Bergkäse)

Zubereitung

1 Für die Füllung den Kürbis schälen, entkernen und das Fruchtfleisch in 2 cm große Würfel schneiden. Den Backofen auf 200 °C vorheizen. Die Kürbiswürfel mit dem Knoblauch, der Zitronen- und Orangenschale, etwas Meersalz und dem Thymian auf ein großes Stück Alufolie geben. Die Folie zu einem Päckchen verschließen und den Kürbis im Ofen auf der mittleren Schiene etwa 1 Stunde weich garen.

2 Für den Teig Mehl, Grieß, Eier, Olivenöl und 1 Prise Salz zu einem glatten, elastischen Nudelteig verkneten. Den Teig in Frischhaltefolie wickeln und im Kühlschrank mindestens 30 Minuten ruhen lassen.

3 Das Kürbispäckchen aus dem Ofen nehmen, die Folie vorsichtig öffnen und die Gewürze entfernen. Das Kürbisfleisch in ein mit einem Küchentuch ausgelegtes feines Sieb geben und kräftig ausdrücken, sodass der Großteil der Flüssigkeit entfernt wird (ergibt etwa 200 g Kürbisfleisch).

4 Das Kürbisfleisch im Blitzhacker pürieren. Das Kürbispüree in einer Schüssel mit dem Quark, den Weißbrotbröseln, der braunen Butter und dem Parmesan mischen. Die Kürbis-Quark-Mischung mit Salz, Muskatnuss und 1 Prise Chilipulver abschmecken und in einen Spritzbeutel mit großer Lochtülle füllen.

5 Den Nudelteig vierteln und mit der Nudelmaschine oder dem Nudelholz zu 4 dünnen, langen Teigplatten ausrollen, dabei mit etwas Mehl bestäuben. Die Teigbahnen mit Frischhaltefolie bedecken.

6 Die Hälfte der Teigbahnen dünn mit verquirltem Eiweiß bestreichen. Jeweils etwas Kürbisfüllung im Abstand von etwa 3 cm daraufspritzen und die restlichen Teigbahnen locker und so glatt wie möglich darüberlegen. Die obere Teigplatte mit den Fingern um die Füllung herum andrücken. Mit einem runden Ausstecher (7 cm Durchmesser) Tortelli ausstechen, die Ränder ohne Luftblasen verschließen und mit einer Gabel etwas andrücken.

7 Die Tortelli in Salzwasser 3 bis 4 Minuten kochen. Die Brühe in einer Pfanne mit der Butter, der braunen Butter, dem Knoblauch und dem Thymian erhitzen. Die Kürbis-Tortelli mit dem Schaumlöffel herausheben, in der Gewürzbrühe schwenken und mit der Gewürzbrühe auf vorgewärmten Tellern anrichten. Mit dem geriebenen Käse bestreuen.

Spinat-Erdnuss-Tarte mit Rosinen

Zubereitung

1 **Für den Boden** alle Zutaten mit 1 bis 2 EL kaltem Wasser zu einem glatten Teig verarbeiten, zu einem Ziegel formen, in Frischhaltefolie wickeln und für 1 Stunde in den Kühlschrank legen.

2 Den Backofen auf 200 °C vorheizen. Die Tarteform mit Butter einpinseln.

3 Den Teig auf einer bemehlten Arbeitsfläche dünn ausrollen und die Form damit auslegen, den Teig auch am Rand hochziehen. Den Teig mit einer Gabel mehrmals einstechen und für 30 Minuten in den Kühlschrank stellen. Mit Backpapier belegen, mit Hülsenfrüchten auffüllen und 10 Minuten blind backen, Backpapier samt Hülsenfrüchten entfernen und den Boden weitere 15 Minuten backen. Mit Eiweiß einpinseln und 1 bis 2 Minuten weiterbacken. Den Backofen auf 175 °C herunterschalten.

4 **Für die Füllung** den Spinat putzen, gründlich waschen, abtropfen lassen und in Salzwasser kurz blanchieren. In kaltem Wasser abschrecken und auf einem Sieb abtropfen lassen. Mit den Händen das Wasser ausdrücken und den Spinat klein schneiden.

5 Die Zwiebel schälen, klein würfeln und in einer Pfanne bei mittlerer Hitze in 1 EL brauner Butter glasig anschwitzen. Vom Herd nehmen und die übrige braune Butter dazugeben.

6 Spinat, Zwiebel, Parmesan, Knoblauch, Rosinen, Erdnüsse und Petersilie mischen. Den Frischkäse mit Milch, Sahne, Eigelb und Eiern mit dem Stabmixer mixen und mit Salz, Pfeffer, Chili und etwas geriebener Muskatnuss kräftig würzen. Mit dem Spinat mischen und gegebenenfalls etwas nachwürzen.

7 Die Hälfte der Füllung in den vorgebackenen Boden füllen, die Hälfte vom Feta daraufbröckeln, die zweite Hälfte vom Spinat darauf verteilen und den restlichen Feta daraufstreuen. Die Tarte ca. 40 Minuten fertig backen.

Zutaten für 1 Tarte (28 cm Durchmesser, 8 Stücke)

Für den Boden
- 50 g gesalzene Erdnusskerne (gemahlen)
- 125 g Weizenmehl
- 125 g Vollkornmehl
- 100 g Butter, 1 Ei
- Salz, 1 EL Essig

Für die Füllung
- 400 g Blattspinat
- Salz, 1 Zwiebel
- 4 EL braune Butter (siehe S. 83)
- 80 g grob geriebener Parmesan
- 1 Knoblauchzehe (gehackt)
- 30 g Rosinen
- 50 g Erdnusskerne (geröstet und gehackt)
- 1 EL Petersilie (frisch geschnitten)
- 150 g Frischkäse
- 150 g Vollmilch
- 80 g Sahne
- 1 Eigelb
- 3 Eier
- Pfeffer aus der Mühle
- Chilipulver
- frisch geriebene Muskatnuss

Außerdem
- Butter für die Form
- Mehl zum Ausrollen
- Hülsenfrüchte zum Blindbacken
- 1 verquirltes Eiweiß zum Einpinseln
- 120 g Feta (Schafskäse)

VEGETARISCHE HAUPTGERICHTE

Toast mit pochiertem Ei,
Spinat und Advents-Hollandaise

Zutaten für 4 Personen
Für die Advents-Hollandaise
- je 1 TL schwarze Pfeffer- und Korianderkörner, Zimtsplitter, Fenchelsamen und ganzer Kümmel für die Gewürzmühle
- 1 Schalotte, 50 ml Weißwein
- 2–3 Scheiben Knoblauch
- 2 Scheiben Ingwer
- 1 Stück ausgekratzte Vanilleschote
- 75 ml Gemüsebrühe
- 125 g Butter, 3 Eigelb
- 2 EL braune Butter (siehe S. 83)
- Salz, 1 Spritzer Zitronensaft

Für den Spinat
- 400 g Babyspinat
- 3 EL Gemüsebrühe
- 1 Knoblauchzehe (halbiert)
- 1 Scheibe Ingwer
- ¼ ausgekratzte Vanilleschote
- mildes Chilisalz
- frisch geriebene Muskatnuss
- 1 EL braune Butter

Für die pochierten Eier
- ca. 8 EL Essig
- 4 sehr frische Eier

Für den Toast
- 60 g weiche Butter
- je 1 Msp. abgeriebene unbehandelte Zitronen- und Orangenschale
- 1 geh. EL Weißbrotbrösel
- mildes Chilisalz
- 4 Scheiben Toastbrot

Zubereitung

1 **Für die Advents-Hollandaise** die Pfeffer- und Korianderkörner, den Zimt, die Fenchelsamen und den Kümmel in eine Gewürzmühle füllen. Die Schalotte schälen und in feine Würfel schneiden. Mit Wein, Knoblauch, Ingwer und Vanilleschote in einem kleinen Topf aufkochen und die Flüssigkeit fast vollständig einköcheln lassen. Die Brühe hinzufügen und die Flüssigkeit durch ein feines Sieb gießen.

2 Die Butter in einem kleinen Topf aufschäumen lassen. Die Eigelbe mit der Gewürzbrühe in einer Metallschüssel über dem heißen Wasserbad mit dem Schneebesen oder den Quirlen des Handrührgeräts zu einer feinporigen Sauce aufschlagen. Die Schüssel vom Wasserbad nehmen und die warme Butter erst tropfenweise, dann im dünnen Strahl unter die Schaummasse rühren, sodass eine cremige Sauce entsteht. Die Hollandaise mit der braunen Butter, Salz, den Gewürzen aus der Mühle und dem Zitronensaft abschmecken und warm halten.

3 **Für den Spinat** den Spinat verlesen, waschen und trocken schleudern, dabei grobe Stiele entfernen. Die Brühe in einer großen Pfanne aufkochen und den Spinat darin zugedeckt zusammenfallen lassen. Den Knoblauch, den Ingwer und die Vanilleschote hinzufügen und den Spinat mit Chilisalz und Muskatnuss abschmecken. Zuletzt die braune Butter dazugeben.

4 **Für die pochierten Eier** etwa 4 l Wasser aufkochen und 4 EL Essig hineingeben. Je 1 EL Essig in 4 kleine Schüsseln geben und vorsichtig 1 Ei in jede Schüssel aufschlagen. Nicht verrühren! Den Topf mit dem siedenden Wasser vom Herd nehmen und mit dem Kochlöffel in eine Richtung rühren, bis das Wasser sich dreht. Die Eier in den Wasserstrudel gleiten lassen, dabei wickelt sich das Eiweiß um das Eigelb. Die Eier 3 bis 4 Minuten pochieren. Mit dem Schaumlöffel vorsichtig aus dem Wasser nehmen und abtropfen lassen.

5 **Für den Toast** den Backofengrill einschalten. Die weiche Butter mit dem Schneebesen hellschaumig schlagen. Die Zitronen- und Orangenschale und die Weißbrotbrösel unterrühren. Mit Chilisalz würzen, auf die Toastbrotscheiben streichen und diese auf ein Backblech legen. Im Ofen auf der obersten Schiene 2 bis 3 Minuten gratinieren.

6 Die Toastscheiben auf Teller legen. Den Spinat darauf verteilen, je 1 pochiertes Ei darauflegen und mit der Hollandaise überziehen.

Fisch & Meeresfrüchte

FISCH & MEERESFRÜCHTE

Pistazienrisotto
mit gebratener Rotbarbe

Zutaten für 4 Personen
Für den Pistazienrisotto
- 750 ml Gemüsebrühe
- 10 Safranfäden
- 1 Zwiebel
- 1 TL Öl
- 300 g Risottoreis
  (z.B. Arborio, Carnaroli, Vialone nano)
- 150 ml Weißwein
- 2 TL Fenchelsamen
- 1 TL getrocknete Lavendelblüten
- ½ aufgeschlitzte Vanilleschote
- 2 Knoblauchzehen
  (in Scheiben)
- 2 Streifen unbehandelte Orangenschale
- 80 g Pistazienkerne
- 2 EL mildes Olivenöl
- Salz
- milde Chiliflocken

Für die Rotbarben
- 8 Rotbarbenfilets
  (à 50–60 g; mit Haut)
- 1–2 TL Öl
- 1 EL mildes Olivenöl
- mildes Chilisalz

Zubereitung

1 **Für den Pistazienrisotto** die Brühe erhitzen, 2 EL Brühe abnehmen und die Safranfäden darin ziehen lassen. Die Zwiebel schälen und in feine Würfel schneiden. In einem weiten Topf das Öl erhitzen und die Zwiebelwürfel darin bei milder Hitze glasig dünsten. Den Reis dazugeben und kurz mitdünsten. Mit dem Wein ablöschen und einköcheln lassen. Mit der Brühe auffüllen, ein Blatt Backpapier direkt darauflegen und den Reis knapp unter dem Siedepunkt 15 bis 20 Minuten bissfest garen.

2 Die Fenchelsamen im Mörser zerreiben und nach 10 bis 15 Minuten Garzeit mit den Lavendelblüten, der Vanilleschote, dem Knoblauch, der Orangenschale und dem Safran unter den Risotto rühren. Kurz vor dem Servieren die Pistazien und das Olivenöl untermischen. Die Vanilleschote und die Orangenschale entfernen und den Risotto mit Salz und 1 Prise Chiliflocken würzen.

3 **Für die Rotbarben** die Fischfilets waschen und trocken tupfen. In einer Pfanne das Öl erhitzen und die Rotbarben darin auf der Hautseite etwa 2 Minuten anbraten. Die Fischfilets wenden, die Pfanne vom Herd nehmen und die Filets in der Resthitze 1 bis 2 Minuten ziehen lassen. Die Fischfilets auf Küchenpapier abtropfen lassen, mit etwas Olivenöl beträufeln und mit Chilisalz würzen.

4 Den Pistazienrisotto in vorgewärmten tiefen Tellern anrichten, jeweils 1 Rotbarbenfilet daraufsetzen und sofort servieren.

Tipp: Lavendel gibt dem Gericht eine leicht blumige Würze, und ein paar Zweige als Garnitur sorgen für eine hübsche Optik. Man muss ihn jedoch vorsichtig dosieren, damit er nicht zu dominant wird. Fenchel und Orangenschale sind die idealen Gewürzpartner für getrocknete Lavendelblüten.

Lachsfilet
auf grüner Paprika-Ingwer-Sauce

Zubereitung

1 Für den Lachs den Backofen auf 100 °C vorheizen. Die Lachsfilets waschen und trocken tupfen. Das Öl in einer Pfanne erhitzen und die Lachsfilets darin bei mittlerer Hitze auf jeder Seite etwa 2 Minuten anbraten. Aus der Pfanne nehmen, auf ein mit Backpapier belegtes Backblech legen und im Ofen auf der mittleren Schiene etwa 15 Minuten saftig durchziehen lassen.

2 Für die Paprika-Ingwer-Sauce inzwischen die Paprikaschoten längs halbieren, entkernen und waschen. Die Paprikahälften mit dem Sparschäler schälen und in Würfel schneiden. Die Peperoni längs halbieren, entkernen, waschen und in feine Würfel schneiden. Den Knoblauch schälen und in Scheiben schneiden.

3 Die Paprika, die Peperoni und den Knoblauch mit der Brühe in einen Topf geben und das Gemüse darin etwa 10 Minuten weich dünsten. Die Flüssigkeit abgießen und die Ingwerpaste dazugeben. Alles mit dem Stabmixer fein pürieren und mit Salz würzen.

4 Für die Garnitur Erdnussöl in einem Topf auf 190 °C erhitzen. Es ist heiß genug, wenn sich an einem hineingehaltenen Holzlöffelstiel Blasen bilden. Die Reisnudeln mit einer Schere in 3 bis 4 cm lange Stücke schneiden. Portionsweise in das Fett geben und darin 30 bis 60 Sekunden frittieren, bis sie weiß und knusprig sind. Mit dem Schaumlöffel herausheben und auf Küchenpapier abtropfen lassen. Mit 1 Prise Fünf-Gewürze-Pulver bestäuben und mit Chilisalz würzen.

5 Die Kräuter waschen und sehr gründlich trocken tupfen. Den Zitronensaft, das Olivenöl und Chilisalz verrühren und kurz vor dem Servieren mit den Kräuterblättern und den knusprig frittierten Reisnudeln mischen.

6 Die Lachsfilets aus dem Ofen nehmen, mit dem Olivenöl bepinseln und mit Chilisalz würzen. Die Paprika-Ingwer-Sauce in einem langen Streifen auf vorgewärmte Teller ziehen, je 1 Lachsfilet daraufsetzen und mit der Reisnudel-Kräuter-Mischung garnieren.

Zutaten für 4 Personen
Für den Lachs
- 4 Lachsfilets (à 200 g)
- 1 TL Öl
- 1–2 EL mildes Olivenöl
- mildes Chilisalz

Für die Paprika-Ingwer-Sauce
- 2 grüne Paprikaschoten
- 1 grüne Peperoni
- 1 kleine Knoblauchzehe
- 100 ml Gemüsebrühe
- 1 EL Ingwerpaste (ca. 30 g; ersatzweise Ingwerkonfitüre)
- Salz

Für die Garnitur
- Erdnussöl zum Frittieren
- 10 g Reisnudeln (Vermicelli)
- Fünf-Gewürze-Pulver
- mildes Chilisalz
- 1 Handvoll gemischte Kräuterblätter (z. B. Dill, Kerbel, Koriander, Kresse, Thai-Basilikum)
- ½ TL Zitronensaft
- 1 TL Olivenöl

FISCH & MEERESFRÜCHTE

Mit Kümmel gebratene Lotte
auf Kartoffel-Majoran-Sauce

Zutaten für 4 Personen
Für die Roten Beten
- 3 kleine Rote Beten (à 150 g)
- Salz
- ½ kleine Zwiebel
- 350 ml Gemüsebrühe
- 2 EL Rotweinessig
- 3 EL mildes Olivenöl
- Pfeffer aus der Mühle
- gemahlener Kümmel
- mildes Chilipulver
- Zucker
- 2 EL Butter

Für die Kartoffel-Majoran-Sauce
- 1 festkochende Kartoffel (100 g)
- 40 g Karotte
- 250 ml Gemüsebrühe
- ½ Lorbeerblatt
- 1 getrocknete rote Chilischote
- 1 halbierte Knoblauchzehe
- 80 g Sahne
- getrockneter Majoran
- gemahlener Kümmel
- ¼–½ TL abgeriebene unbehandelte Zitronenschale
- 20 g kalte Butter

Für die Lotte
- 500 g Seeteufelfilet (Lotte)
- 2 TL ganzer Kümmel
- 1–2 TL Öl
- mildes Chilisalz
- 1–2 EL braune Butter (siehe S. 83)

Zubereitung

1 Für die Roten Beten die Knollen waschen und die Blätter vorsichtig abschneiden, ohne dabei die Knollen zu verletzen. Die Rote-Bete-Knollen in einem Topf in kochendem Salzwasser etwa 1 Stunde weich garen. In ein Sieb abgießen, etwas abkühlen lassen, schälen und in 4 bis 5 mm dicke Scheiben schneiden (dabei trägt man am besten Einweghandschuhe). Die Zwiebel schälen und in breite Streifen schneiden.

2 Die Brühe in einem Topf erwärmen und vom Herd nehmen. Den Essig und das Olivenöl unterrühren und den Sud mit Salz und Pfeffer sowie je 1 Prise Kümmel, Chilipulver und Zucker würzen. Rote-Bete-Scheiben und Zwiebelstreifen in dem Sud mehrere Stunden (am besten über Nacht) ziehen lassen.

3 Für die Kartoffel-Majoran-Sauce die Kartoffel schälen und waschen, die Karotte putzen und schälen. Beides in 0,5 bis 1 cm große Würfel schneiden. Die Brühe in einem Topf erhitzen und die Kartoffel- und Karottenwürfel mit dem Lorbeerblatt, der Chilischote und dem Knoblauch darin knapp unter dem Siedepunkt etwa 20 Minuten weich garen.

4 Lorbeerblatt, Chilischote und Knoblauch wieder entfernen. Die Sahne dazugeben, die Sauce erhitzen und mit je 1 Prise Majoran und Kümmel sowie der Zitronenschale würzen. Die kalte Butter hinzufügen und die Sauce mit dem Stabmixer pürieren, gegebenenfalls noch etwas nachwürzen.

5 Für die Lotte das Fischfilet waschen, trocken tupfen und schräg in 1 cm dicke Scheiben schneiden. Die Filetscheiben mit dem Kümmel bestreuen. Das Öl in einer Pfanne erhitzen und die Fischscheiben darin auf beiden Seiten jeweils 1 bis 2 Minuten anbraten. Die Pfanne vom Herd nehmen und den Fisch in der Resthitze 1 Minute durchziehen lassen. Mit Chilisalz würzen und mit der braunen Butter beträufeln.

6 Kurz vor dem Servieren die Roten Beten aus der Marinade nehmen und die Zwiebelstreifen entfernen. Die Butter in einer Pfanne erhitzen und die Rote-Bete-Scheiben darin bei milder Hitze erwärmen.

7 Die Sauce nochmals mit dem Stabmixer aufschäumen und auf vorgewärmte Teller verteilen. Die Rote-Bete-Scheiben mit den Lottescheiben abwechselnd zu Türmchen stapeln und auf die Sauce setzen. Nach Belieben mit frischem Majoran garnieren und servieren.

FISCH & MEERESFRÜCHTE

Wolfsbarsch in der Folie
mit Fenchel & Lavendelblüten

Zubereitung

1 Den Backofen auf 180 °C vorheizen. Den Wolfsbarsch innen und außen waschen und mit Küchenpapier trocken tupfen.

2 Den Wolfsbarsch innen mit Salz, Pfeffer und 1 Prise Chiliflocken würzen. 1 TL Fenchelsamen, ¼ TL Lavendelblüten, ¼ Vanilleschote, die Hälfte der Knoblauchscheiben und je 2 Streifen Zitronen- und Orangenschale in die Bauchhöhle füllen. Den Fisch auf einen großen Bogen Alufolie oder Pergamentpapier legen und 20 g kalte Butter in kleinen Stücken daraufsetzen.

3 Die Folie oder das Pergamentpapier über dem Fisch zusammenfalten und verschließen. Den Wolfsbarsch auf ein Backblech legen und im Ofen auf der mittleren Schiene etwa 35 Minuten garen.

4 Die restliche Butter mit den übrigen Gewürzen und der Zitronen- und Orangenschale in einer Pfanne erwärmen und mit Chilisalz würzen.

5 Den Fisch aus dem Ofen nehmen und die Folie oder das Pergamentpapier öffnen. Den Wolfsbarsch herausnehmen, häuten, filetieren und auf vorgewärmte Teller verteilen. Mit der Gewürzbutter beträufeln und nach Belieben mit Spinat, feinen grünen Bohnen oder Artischocken-Tomaten-Gemüse servieren.

Zutaten für 4 Personen

- 1 Wolfsbarsch (ca. 1,2 kg; küchenfertig)
- Salz
- Pfeffer aus der Mühle
- Chiliflocken
- 2 TL Fenchelsamen
- 1 gestr. TL getrocknete Lavendelblüten
- ½ aufgeschlitzte Vanilleschote
- 2 Knoblauchzehen (in Scheiben)
- je 4 Streifen unbehandelte Zitronen- und Orangenschale
- 80 g kalte Butter
- mildes Chilisalz

Gedämpfte Muscheln in Anis-Ingwer-Sud

Zutaten für 4 Personen
- 1 Zwiebel
- 2 Knoblauchzehen
- 4 Scheiben Ingwer
- 2 TL Anissamen
- 1 TL Öl
- 1 TL Anislikör
- 400 ml Fischfond oder Gemüsebrühe
- 100 g Sahne
- 100 ml Kokosmilch
- 1–2 TL Speisestärke
- ¼ Vanilleschote
- 30 g kalte Butter
- Salz
- Pfeffer aus der Mühle
- mildes Chilipulver
- 1,5 kg Venusmuscheln
- 1 EL schwarze Pfefferkörner

1 Die Zwiebel schälen und in feine Würfel schneiden. Den Knoblauch schälen und in Scheiben schneiden. Den Ingwer schälen und klein schneiden. Die Anissamen im Mörser grob zerstoßen. Das Öl in einem Topf erhitzen und Zwiebel, Knoblauch, Ingwer und Anis darin bei mittlerer Hitze andünsten. Mit dem Likör ablöschen, den Fond oder die Brühe dazugießen und den Sud knapp unter dem Siedepunkt 10 bis 15 Minuten ziehen lassen.

2 Die Sahne und die Kokosmilch hinzufügen und den Sud nochmals erhitzen. Mit dem Stabmixer pürieren und durch ein feines Sieb streichen. Wieder in den Topf geben und erhitzen. Die Speisestärke mit etwas kaltem Wasser glatt rühren. Unter den leicht kochenden Sud rühren, bis er sämig bindet, und den Sud 1 bis 2 Minuten köcheln lassen. Die Vanilleschote dazugeben, einige Minuten ziehen lassen und wieder entfernen. Die kalte Butter mit dem Stabmixer unterrühren und den Sud mit Salz, Pfeffer und 1 Prise Chilipulver abschmecken.

3 Die Muscheln unter fließendem kaltem Wasser gründlich abbürsten, geöffnete Exemplare aussortieren.

4 Die Pfefferkörner im Mörser grob zerstoßen, in ein Gewürzsäckchen füllen und das Säckchen verschließen. In einem Topf 250 ml Wasser mit dem Gewürzsäckchen bei mittlerer Hitze aufkochen und salzen. Die Muscheln hineingeben, den Deckel auflegen und alles zum Kochen bringen. Sobald sie sich nach einigen Minuten geöffnet haben, die Muscheln mit dem Schaumlöffel herausheben. Geschlossene Muscheln entfernen.

5 Die gegarten Muscheln mit dem Anis-Ingwer-Sud mischen, auf vorgewärmte Schalen oder tiefe Teller verteilen und servieren.

Tipp: Wenn man den Sud mit etwas mehr Speisestärke bindet, kann man ihn auch sehr gut als Sauce zu gebratenem oder gedämpftem Fisch servieren. Nach Belieben können als Einlage noch kleine blanchierte Gemüsewürfel (z. B. Sellerie, Karotte und Lauch) hineingegeben werden.

FISCH & MEERESFRÜCHTE

Gebratene Forelle
mit Roter Bete und Meerrettich-Sauce

Zubereitung

1 **Für die Rote Bete** die Knollen in Spalten schneiden und in eine kleine Schüssel geben. Die Artischocken vierteln und in eine andere kleine Schüssel geben.

2 Die Brühe mit dem Essig in einen Topf geben. Mit Chilisalz und Zucker würzen, Lorbeer, Ingwer und Knoblauch dazugeben und aufkochen. Die Speisestärke mit etwas kaltem Wasser glatt rühren, in die kochende Marinade rühren und diese noch etwas köcheln lassen. Die Marinade auf Rote Bete und Artischocken verteilen, jeweils mit etwas Olivenöl beträufeln und mischen.

3 Die Frühlingszwiebeln putzen und in 3 cm lange Stücke schneiden. Die Birne waschen, vierteln, das Kerngehäuse entfernen und die Viertel in schmale Spalten schneiden.

4 Eine Pfanne bei milder Temperatur erhitzen. Die braune Butter darin verstreichen, den Puderzucker hineinstäuben und die Birnenspalten mit den Frühlingszwiebeln darin ein paar Minuten anbraten.

5 **Für die Forelle** die Forellenfilets waschen, trocken tupfen und halbieren. In einer Pfanne das Öl erhitzen. Die Fischfilets mit der Hautseite in das doppelgriffige Mehl tauchen und mit der Hautseite nach unten im Öl bei mittlerer Hitze etwa 3 Minuten kross braten. Die Filets wenden, die Pfanne vom Herd nehmen und den Fisch in der Nachhitze der Pfanne saftig und glasig durchziehen lassen. Auf Küchenpapier abtropfen und mit Chilisalz würzen.

6 **Für die Sauce** Joghurt und Milch glatt rühren. Den Meerrettich mit dem Dill und der Zitronenschale unterrühren und die Sauce mit Chilisalz würzen.

7 Rote Beten, Artischocken, Birne und Frühlingszwiebeln auf vorgewärmten Tellern verteilen. Nach Belieben etwas frischen Meerrettich darüberreiben, die Sauce darum herum träufeln und die Forellenstücke anlegen.

Zutaten für 4 Personen
Für die Rote Bete
- 400 g kleine Rote Beten (vorgegart und vakuumiert)
- 200 g eingelegte Artischockenherzen
- 300 ml Gemüsebrühe
- 4 EL Rotweinessig
- mildes Chilisalz, Zucker
- 1 Lorbeerblatt
- 4 Ingwerscheiben
- 1 Knoblauchzehe in Scheiben
- 1–2 TL Speisestärke
- 2 EL mildes Olivenöl
- 3 dünne Frühlingszwiebeln
- 1 Birne
- 2 TL braune Butter (siehe S. 83)
- ½–1 TL Puderzucker

Für die Forelle
- 4 Forellenfilets (à ca. 110 g; mit Haut)
- 1 EL Öl
- 2 EL doppelgriffiges Mehl (Instant- oder Spätzlemehl)
- mildes Chilisalz

Für die Sauce
- 200 g griechischer Joghurt (10 % Fett)
- 2–3 EL Milch
- 1 EL Tafelmeerrettich
- 1–2 TL Dillspitzen (frisch geschnitten)
- 1 Msp. abgeriebene unbehandelte Zitronenschale
- mildes Chilisalz

Seezunge auf Rahmspinat

Zutaten für 4 Personen
Für den Rahmspinat
- 800 g Blattspinat
- ca. 50 ml Gemüsebrühe
- 200 g Sahne
- 1 Knoblauchzehe (in Scheiben)
- ½ ausgekratzte Vanilleschote
- mildes Chilisalz
- frisch geriebene Muskatnuss

Für die Seezunge
- 400 g Seezungenfilets
- 20 g braune Butter (siehe S. 83)
- mildes Chilisalz
- 1 Msp. abgeriebene unbehandelte Zitronenschale

Zubereitung

1 Für den Rahmspinat die Spinatblätter verlesen, waschen und trocken schleudern, dabei grobe Stiele entfernen. Die Brühe mit der Sahne in einem Topf aufkochen. Gut die Hälfte vom Spinat dazugeben und darin kurz erhitzen. Dann den Spinat mit Brühe und Sahne in einen hohen Rührbecher geben und alles mit dem Stabmixer pürieren.

2 Den pürierten Rahmspinat wieder in den Topf gießen und die restlichen ganzen Spinatblätter hinzufügen. Knoblauch und Vanille dazugeben und einige Minuten im Spinat ziehen lassen, dann wieder entfernen. Zuletzt den Rahmspinat mit Chilisalz und Muskatnuss würzen.

3 Für die Seezunge die Fischfilets waschen und trocken tupfen. Eine Pfanne bei mittlerer Temperatur erhitzen und etwas braune Butter mit einem Pinsel darin verstreichen. Den Fisch in der Pfanne auf jeder Seite 1 bis 2 Minuten anbraten.

4 Die Pfanne vom Herd nehmen und den Fisch in der Nachhitze der Pfanne noch etwas nachziehen lassen. Die übrige braune Butter hinzufügen und die Filets mit Chilisalz und Zitronenschale würzen.

5 Den Rahmspinat auf vorgewärmte Teller verteilen und die Seezungenfilets darauf anrichten. Dazu passen Kartoffeln.

Tipp: Die Fischfilets sind zwar enthäutet, ich lege sie aber trotzdem zuerst auf der festeren, leicht farbigen „Hautseite" in die Pfanne. Denn diese rollt sich beim Braten deutlich ein. Beginnt man den Bratvorgang also auf der festen Seite, braten die Filets insgesamt schöner.

Fleisch & Geflügel

Rehhackbraten im Zucchinimantel

Zubereitung

1 Für den Hackbraten das Lorbeerblatt zerstoßen, mit den Koriander-, Piment- und Pfefferkörnern, Wacholderbeeren und Zimt in eine Gewürzmühle füllen. Das Toastbrot entrinden und in der Milch einweichen. Die Zwiebel schälen, in feine Würfel schneiden und in einer Pfanne in der Brühe bei mittlerer Hitze dünsten, bis die Flüssigkeit verkocht ist.

2 Die Eier mit dem Senf verquirlen und mit Salz, Pfeffer, je 1 Prise Chilipulver und Majoran sowie Orangenschale, Knoblauch und Ingwer verrühren. Die drei Hackfleischsorten mit dem eingeweichten Toastbrot, den verquirlten Eiern, der Preiselbeerkonfitüre, den Zwiebelwürfeln und der Petersilie mischen. Mit der Mischung aus der Gewürzmühle würzen und, falls nötig, nachsalzen.

3 Den Backofen auf 120 °C vorheizen. Die Zucchini putzen, waschen und längs in etwa 2 mm dicke Scheiben schneiden. In Salzwasser 1 Minute blanchieren, in ein Sieb abgießen, kalt abschrecken und abtropfen lassen.

4 Eine halbrunde Pastetenform (etwa 1,2 l Inhalt, ersatzweise eine Kastenform) mit Öl einpinseln und mit Frischhaltefolie auslegen. Die Zucchinischeiben leicht überlappend hineinlegen und die Enden dabei über den Rand hängen lassen. Die Hackmasse hineinfüllen, die Oberfläche glatt streichen und die Zucchinienden darüberlegen. Die Folie darüberfalten. Den Hackbraten im Ofen auf der mittleren Schiene 1½ Stunden durchziehen lassen.

5 Die Feigen waschen und in Spalten schneiden. Den Hackbraten mithilfe der Folie aus der Form stürzen und mit einem scharfen Messer in Scheiben schneiden. Mit Blaukrautsalat (siehe Tipp) auf vorgewärmten Tellern anrichten und mit den Feigen und nach Belieben einigen Oreganoblättern garnieren.

Tipp: Für einen würzigen Blaukrautsalat 1 kleinen Rotkohl (600 g) putzen, die äußeren Blätter entfernen und den Strunk herausschneiden. Den Kohl vierteln, in feine Streifen schneiden und in einer Schüssel mit je 1 TL Salz und Zucker verkneten. 1 TL Puderzucker in einem Topf bei mittlerer Hitze karamellisieren. Mit 100 ml Rotwein, 5 EL rotem Portwein und 1–2 EL Cassislikör ablöschen. Die Flüssigkeit auf ein Fünftel einkochen lassen, unter den Kohl mischen und 30 Minuten ziehen lassen. Den Saft von ½ Orange, 2–3 EL Himbeeressig, 1 EL sauren Granatapfelsirup und 4 EL mildes Salatöl dazugeben. Den Salat mit Pfeffer aus der Mühle würzen. Ggf. mit Salz und Zucker nachwürzen. 2 EL Granatapfelkerne und 1 EL grob gehackte Pistazien locker untermischen.

Zutaten für 4 Personen
Für den Hackbraten

- 1 Lorbeerblatt, je 1 TL Koriander-, Piment-, schwarze Pfefferkörner und Wacholderbeeren sowie ½ TL Zimtsplitter für die Gewürzmühle
- 100 g Toastbrot
- 100 ml Milch
- 1 kleine Zwiebel
- 100 ml Hühnerbrühe
- 2 Eier
- 2 TL Dijon-Senf
- Salz
- Pfeffer aus der Mühle
- mildes Chilipulver
- getrockneter Majoran
- 1 Msp. abgeriebene unbehandelte Orangenschale
- ½ kleine Knoblauchzehe (fein gerieben)
- 1 Msp. fein geriebener Ingwer
- 170 g Rehhackfleisch (ersatzweise Hirsch- oder anderes Wildfleisch)
- 170 g Kalbshackfleisch
- 170 g Schweinehackfleisch
- 1 EL Preiselbeerkonfitüre
- 1 EL Petersilie (frisch geschnitten)
- 1 Zucchini (250 g)
- Öl für die Form

Außerdem
- 2 frische Feigen

FLEISCH & GEFLÜGEL

Glasierte Wachteln auf Salat
mit Kräuter-Senf-Dip

Zutaten für 4 Personen
Für den Salat
- 2 Karotten
- ½ kleine Sellerieknolle
- 1 kleinere Stange Lauch
- 150 ml Gemüsebrühe
- 2 EL Orangensaft
- 1 Msp. abgeriebene unbehandelte Orangenschale
- 2 EL mildes Olivenöl
- rot-grünes Chili-Vanille-Salz (siehe S. 11)
- frisch geriebene Muskatnuss

Für die Wachteln
- je 8 Wachtelbrüstchen und -keulen (mit Haut)
- 1 EL braune Butter (siehe S. 83)
- 1 TL Currypulver
- 1 TL Honig
- rot-grünes Chili-Vanille-Salz
- 1 kleines Stück Butter

Für den Dip
- 200 g Crème fraîche
- 1 TL scharfer Senf
- 1–2 EL Orangensaft
- je 1 EL Liebstöckel und Kerbel (frisch geschnitten)
- Salz
- Chiliflocken

Zubereitung

1 **Für den Salat** die Karotten und den Sellerie putzen und schälen. Die Karotten längs in dünne Scheiben, den Sellerie ebenfalls in dünne Scheiben schneiden. Dann beides in Rauten schneiden. Den Lauch putzen, waschen, halbieren und ebenfalls in Rauten schneiden. Die Brühe in einem Topf erwärmen und das Gemüse darin zugedeckt 3 bis 4 Minuten dünsten. Das Gemüse in ein Sieb abgießen, dabei den Kochfond auffangen.

2 Das Gemüse in eine Schüssel geben und mit dem Orangensaft und der -schale sowie dem Öl marinieren. Anschließend mit rot-grünem Chilisalz und Muskatnuss würzen.

3 **Für die Wachteln** die Wachtelbrüstchen und -keulen waschen und trocken tupfen, von den Keulen nach Belieben den Oberschenkelknochen auslösen. Die braune Butter in einer Pfanne erhitzen, die Brüstchen und die Keulen darin auf der Hautseite goldbraun anbraten, wenden und auf der anderen Seite ebenfalls kurz braten.

4 Das Fleisch aus der Pfanne nehmen und den Bratensatz mit dem Gemüsekochfond ablöschen (vorher 1 bis 2 EL Fond für den Dip abnehmen). Die Brühe mit Currypulver, Honig und rot-grünem Chilisalz würzen und die Butter hinzufügen. Das Fleisch in die Sauce legen und darin etwa 2 Minuten durchziehen lassen.

5 **Für den Dip** die Crème fraîche mit dem Senf, dem Orangensaft und dem restlichen Gemüsefond glatt rühren. Die Kräuter hinzufügen und den Dip mit Salz und Chiliflocken abschmecken.

6 Den Salat auf vorgewärmte Teller verteilen, den Kräuter-Senf-Dip darum herumträufeln und die Wachtelbrüstchen und -keulen darauf anrichten.

Rinderfilet im Strudelteig
auf Bohnen-Paprika-Gemüse

Zubereitung

1 Für das Rinderfilet die Brühe in einem kleinen Topf erhitzen, die Totentrompeten dazugeben und die Brühe aufkochen lassen. Vom Herd nehmen und 15 Minuten ziehen lassen. In ein feines Sieb abgießen, dabei die Pilzbrühe auffangen und beiseitestellen. Die Pilze abkühlen lassen und klein schneiden. Das Kalbsbrät mit der Sahne glatt rühren. Den Senf dazugeben und mit Salz, Pfeffer und Muskatnuss würzen. Die Zitronenschale, die Petersilie und die Trompetenpilze unterrühren.

2 Die Hälfte der Strudelteigblätter mit etwas brauner Butter bestreichen, mit je 1 weiteren Teigblatt belegen und kreisförmig, mit einem Durchmesser von 20 cm, ausschneiden. In der Mitte mit etwa einem Drittel der Kalbsbrätmasse in Größe der Filets bestreichen. Je 1 Rinderfilet darauflegen und die restliche Brätmasse um die Filets herumstreichen. Den Strudelteig darüber zu einem runden Päckchen verschließen und die Enden fest aneinanderdrücken.

3 Den Backofen auf 140 °C vorheizen. Die restliche braune Butter in einer Pfanne erhitzen und die Strudelpäckchen darin bei mittlerer Hitze rundum goldbraun anbraten, dabei zuerst auf der Nahtseite anbraten. Auf ein Backblech legen und im Ofen auf der mittleren Schiene 9 bis 10 Minuten garen.

4 Für das Gemüse die Bohnen putzen, waschen und schräg in 1 bis 2 cm breite Rauten schneiden. In Salzwasser 5 bis 6 Minuten blanchieren, in ein Sieb abgießen, kalt abschrecken und abtropfen lassen. Die Paprikaschote halbieren, entkernen, waschen, mit dem Sparschäler schälen und in 1 bis 2 cm große Rauten schneiden. Die Pilze putzen, falls nötig, trocken abreiben und in Stücke schneiden.

5 Die Brühe in einer Pfanne erhitzen und die Paprikaschote darin bei mittlerer Hitze bissfest dünsten. Bohnen, Pilze, Knoblauch und Ingwer hinzufügen und die Pfanne vom Herd nehmen. Das Gemüse mit Zitronenschale, Chilisalz und Dill würzen. Die braune Butter unterrühren, Knoblauch und Ingwer wieder entfernen.

6 Für die Sauce die Pilzbrühe in einem kleinen Topf erhitzen. Die Speisestärke mit wenig kaltem Wasser glatt rühren. Unter die leicht kochende Pilzbrühe rühren, bis sie sämig gebunden ist. Die Sahne und die Zitronenschale dazugeben und bei Bedarf mit etwas Salz nachwürzen. Zum Schluss die kalte Butter mit dem Stabmixer untermixen.

7 Die Strudelpäckchen mit einem Sägemesser oder einem scharfen Messer halbieren und mit dem Bohnen-Paprika-Gemüse auf vorgewärmten Tellern anrichten. Den Pilzschaum außen herumträufeln.

Zutaten für 4 Personen
Für das Rinderfilet
- 120 ml Gemüsebrühe
- 1–2 EL getrocknete Totentrompeten
- 250 g Kalbsbrät
- 2–3 EL Sahne, 1 TL Dijon-Senf
- Salz, Pfeffer aus der Mühle
- frisch geriebene Muskatnuss
- 1 Msp. abgeriebene unbehandelte Zitronenschale
- 1 EL Petersilie (frisch geschnitten)
- 8 Strudelteigblätter (à 20 x 20 cm; aus dem Kühlregal)
- 3–4 EL zerlassene braune Butter (siehe S. 83)
- 4 Rinderfiletsteaks (à 100 g; ca. 2 cm dick)

Für das Gemüse
- 250 g breite Bohnen, Salz
- 1 rote Paprikaschote
- 100 g Austernpilze, Champignons oder Egerlinge
- 80 ml Gemüsebrühe
- 1 Knoblauchzehe (in Scheiben)
- 1–2 Scheiben Ingwer
- 1 Msp. abgeriebene unbehandelte Zitronenschale
- Chilisalz
- 1 EL Dillspitzen (frisch geschnitten)
- 1 EL braune Butter

Für die Sauce
- ½ TL Speisestärke, 80 g Sahne
- 1 Msp. abgeriebene unbehandelte Zitronenschale
- 1 EL kalte Butter

Hirschrücken mit Selleriepüree

Zutaten für 4 Personen
Für den Hirschrücken
- 1 TL Öl
- 600 g Hirschrückenfilet
- 2 EL braune Butter (siehe S. 83)
- Wildgewürz

Für die Sauce
- 1 geh. EL Puderzucker
- 1 TL Tomatenmark
- 150 ml kräftiger Rotwein
- 50 ml roter Portwein
- 100 ml Holunderbeerensaft (siehe Tipp)
- 150 ml Wildfond
- ½ TL Speisestärke
- Lebkuchengewürz
- mildes Chilisalz
- Zucker
- ½ TL Zartbitterkuvertüre
- ½ TL Marzipanrohmasse
- 4 Zwetschgen
- ½ TL abgeriebene unbehandelte Orangenschale

Für das Selleriepüree
- 450 g Knollensellerie
- 50 g mehligkochende Kartoffeln
- 300 ml Milch
- 1 EL kalte Butter
- 1 EL braune Butter
- mildes Chilisalz
- frisch geriebene Muskatnuss

Zubereitung

1 **Für den Hirschrücken** den Backofen auf 100 °C vorheizen. Auf die mittlere Schiene ein Ofengitter und darunter ein Abtropfblech schieben. Das Öl in einer Pfanne erhitzen und den Hirschrücken darin bei mittlerer Hitze rundum kurz anbraten, sodass er sich leicht wölbt. Das Fleisch aus der Pfanne nehmen und auf dem Gitter im Ofen etwa 50 Minuten rosa garen.

2 **Für die Sauce** inzwischen den Puderzucker zum Bratensatz in die Pfanne sieben und bei mittlerer Hitze hell karamellisieren. Das Tomatenmark dazugeben, kurz andünsten und mit dem Rotwein ablöschen. Den Portwein und den Holunderbeerensaft dazugießen und alles auf ein Drittel einköcheln lassen.

3 Den Wildfond angießen. Die Speisestärke mit wenig kaltem Wasser glatt rühren und in die Sauce rühren, bis diese sämig bindet. Die Sauce mit 1 Prise Lebkuchengewürz, Chilisalz und 1 Prise Zucker würzen. Die Schokolade und das Marzipan unterrühren und in der Sauce schmelzen lassen. Die Zwetschgen waschen, halbieren, entsteinen und mit der Orangenschale hinzufügen. Warm halten.

4 **Für das Selleriepüree** den Sellerie und die Kartoffeln schälen, waschen und in 1 bis 2 cm große Würfel schneiden. Die Würfel mit der Milch in einen flachen Topf geben, aufkochen lassen und mit geschlossenem Deckel bei milder Hitze 20 Minuten weich garen. Den Kochsud abgießen und das Gemüse in einen hohen Rührbecher füllen. Die kalte Butter hinzufügen und das Gemüse mit dem Stabmixer pürieren. Mit brauner Butter, 1 Prise Chilisalz und Muskatnuss würzen.

5 Den Hirschrücken aus dem Ofen nehmen. Die braune Butter in einer Pfanne erwärmen, 1 Prise Wildgewürz hineinstreuen und das Fleisch darin wenden. Aus dem Selleriepüree Nocken formen und auf vorgewärmten Tellern anrichten. Die Sauce mit den Zwetschgen danebensetzen. Den Hirschrücken schräg in Stücke schneiden und darauf anrichten. Das Püree nach Belieben mit Sellerieblättern und Birnenspalten garnieren.

Tipp: Am besten eignet sich für diese Sauce reiner Holunderbeerensaft, auch Muttersaft genannt. Er ist in gut sortierten Supermärkten, Reformhäusern oder Bioläden erhältlich.

Schweinefilet auf Wurzelgemüse

Zubereitung

1 Für das Wurzelgemüse die Karotten und die Petersilienwurzel putzen und schälen. Den Sellerie putzen und waschen. Den Lauch putzen, das dunkle Grün entfernen und beiseitelegen, die Stange waschen. Den Lauch quer halbieren, in einzelne Blätter zerteilen und die Lauchblätter in 3 bis 4 mm breite Streifen schneiden. Karotten, Petersilienwurzel und Sellerie in 3 bis 4 mm dicke Scheiben schneiden.

2 Die Brühe in einem Topf erhitzen und die Karotten, die Petersilienwurzel und den Lauch darin mit geschlossenem Deckel 7 bis 8 Minuten gerade weich garen. Nach 5 Minuten den Sellerie dazugeben.

3 Den Gemüsefond durch ein Sieb in einen Topf gießen, die Sahne hinzufügen und aufkochen lassen. Die Speisestärke mit wenig kaltem Wasser glatt rühren und in die Sauce rühren, bis diese sämig bindet. Vanilleschote, Ingwer und Knoblauch dazugeben und Meerrettich sowie Senf in die Sauce rühren. Das Gemüse hinzufügen und gegebenenfalls etwas nachwürzen. Vanilleschote und Ingwer wieder entfernen.

4 Für das Schweinefilet das Fleisch in 2 bis 3 cm dicke Medaillons schneiden. Das Öl in einer Pfanne erhitzen und die Medaillons darin bei mittlerer Hitze auf jeder Seite 3 Minuten braten. Aus der Pfanne nehmen. Die Pfanne vom Herd nehmen, die braune Butter zum Bratensatz geben und mit 1 Prise Lebkuchengewürz und Chilisalz würzen. Die Medaillons wieder dazugeben und darin wenden.

5 Aus dem Brot kleine Kreise ausstechen. Die braune Butter in einer Pfanne erhitzen und die Brotkreise darin auf beiden Seiten knusprig braten.

6 Den Kerbel und die Petersilie unter das Wurzelgemüse mischen. Das Gemüse auf vorgewärmten Tellern anrichten, die Schweinefilets daraufsetzen und mit der Gewürzbutter beträufeln. Mit Sellerieblättern, gehackten Walnüssen und den Brotchips garnieren.

Zutaten für 4 Personen

Für das Wurzelgemüse
- je 1 orange und gelbe Karotte
- 1 Petersilienwurzel
- 2 Stangen Staudensellerie (mit Grün)
- 1 dünne Lauchstange
- 100 ml Gemüsebrühe
- 50 g Sahne
- 1 TL Speisestärke
- 1 Stück Vanilleschote (ca. 2 cm)
- 2 Scheiben Ingwer
- 1 Knoblauchzehe (in Scheiben)
- 1 EL Sahnemeerrettich
- 1 EL Dijon-Senf
- 1 EL Kerbelblätter (frisch geschnitten)
- 1 TL Petersilienblätter (frisch geschnitten)

Für das Schweinefilet
- 600 g Schweinefilet
- 1 TL Öl
- 2 EL braune Butter (siehe S. 83)
- Lebkuchengewürz
- Chilisalz

Außerdem
- 2 hauchdünne Scheiben Mischbrot
- 2 EL braune Butter
- 1 EL Walnusskerne (gehackt)

Feine Saucen leicht gemacht!

Was die Schleife ums Geschenk ist, ist die Sauce fürs Gericht: Sie macht die Sache rund und setzt jedem Festessen zusätzliche Glanzlichter auf. Und so einfach wie das Schleiferl-Binden geht das Saucen-Zaubern auch. Mit diesen Rezepten, Tipps und Tricks gelingt's ganz sicher!

Fleischsauce ohne Braten – Rezept für eine Grundsauce

2 bis 3 Handvoll Fleischknochen (vom Metzger in Stücke gehackt) waschen, trocken tupfen und auf ein Backblech legen. Den Ofen auf 200 °C stellen und die Knochen 45 Minuten goldbraun rösten. In der Zwischenzeit 2 kleine Karotten, ½ Knollensellerie und 3 Zwiebeln schälen und in Würfel schneiden. In einem großen, hohen Topf 1 TL Puderzucker hell karamellisieren, die Gemüsewürfel dazugeben und leicht anbraten, 1 EL Tomatenmark hinzufügen und alles unter Rühren rösten, bis es sich am Topfboden anlegt. Mit 250 ml Rotwein ablöschen und den Wein unter Rühren einköcheln lassen. Anschließend die gerösteten Knochen dazugeben, das überschüssige Fett vom Backblech abgießen, den Bratensatz mit etwas Wasser oder Brühe lösen und ebenfalls zum Saucenansatz geben. Mit 2 l Hühner- oder Rinderbrühe aufgießen. Den Saucenansatz ohne Deckel gut 2 Stunden knapp unter dem Siedepunkt ziehen lassen. Anschließend durch ein Sieb in einen kleineren Topf gießen und eventuell noch etwas einköcheln lassen. Kurz vor dem Servieren 1 TL Speisestärke mit etwas kaltem Wasser glatt rühren und die Sauce damit binden.

Würztipps für die Grundsauce

- Je nachdem, zu welcher Art von Fleisch die Sauce gereicht wird, lassen sich verschiedene Knochen **kombinieren.** Ganz besonders fein wird die Sauce, wenn man zur Hälfte Kalbsknochen und zur Hälfte Wild-, Lamm- oder Schweineknochen verwendet.

- Zum **Würzen** der fertigen Grundsauce eignen sich – neben Salz und schwarzem Pfeffer – auch kleine Chilischoten, einige Scheiben von frisch geschnittenem Ingwer, Knoblauch, Kümmel, Lorbeerblätter, Macisblüten, Orangen- und Zitronenschalen, Rosmarin- und Thymianzweige, Wacholderbeeren oder Zimtrinde. Die Gewürze am besten in einen Einwegteebeutel geben und die letzten 10 Minuten in der Sauce mitziehen lassen. Wenn der Geschmack die gewünschte Intensität hat, den Einwegteebeutel entfernen.

- Zum **Verfeinern** von Wildsaucen kann man z. B. 1 Stück Zartbitterschokolade, 1 EL Portwein oder 1 EL Johannisbeer- oder Preiselbeergelee in die Sauce rühren.

- Für schönen **Glanz** kurz vor dem Servieren der Sauce 1 Stück eiskalte Butter unterschwenken.

Tipps zum Binden von Saucen

- **Braune Sauce oder Weißweinsauce:** 1 TL Speisestärke in etwas kaltem Wasser glatt rühren, nur so viel davon unter die köchelnde Sauce rühren, bis sie die gewünschte Bindung erhält – anschließend die Sauce noch 1 bis 2 Minuten weiterköcheln lassen, damit der Stärkegeschmack verschwindet.

- **Binden mit Gemüse:** etwas vom Röstgemüse zurückbehalten, in die fertige Sauce geben und mit dem Stabmixer aufpürieren.

- **Binden mit Crème fraîche:** 1 bis 2 EL Crème fraîche in die Sauce rühren und nochmals abschmecken.

Schnelle Sauce für Kurzgebratenes

Fleischstücke auf beiden Seiten in wenig Fett braten, aus der Pfanne nehmen und warm halten. 1 TL Tomatenmark in den Bratensatz rühren und anrösten, mit 3 EL Port- und 75 ml Rotwein ablöschen, anschließend mit 400 ml Kalbs-, Rinder- oder Geflügelfond aufgießen. Die Flüssigkeit auf zwei Drittel einköcheln lassen. Nach Geschmack würzen (siehe Würztipps links) und leicht mit Speisestärke und etwas Butter binden (siehe Tipps links).

Unverzichtbar: Braune Butter

In einem kleinen, hohen Saucentopf 250 g Butter bei schwacher Hitze schmelzen lassen. Anschließend unter gelegentlichem Rühren etwa 10 Minuten leicht köcheln – bis das Milcheiweiß im Schaum braune Flöckchen bildet. Ein Sieb mit Küchenpapier auslegen und die flüssige, heiße Butter durch das Sieb in ein gut verschließbares Glas gießen. Im Kühlschrank hält sich die braune Butter 2 bis 3 Monate. Ihr feiner, nussiger Geschmack rundet viele Speisen harmonisch ab. Zum Binden von Saucen eignet sie sich jedoch nicht.

Tipps zur Verwendung

- Braune Butter wird im Kühlschrank wieder fest. Zum Gebrauch die benötigte Menge mit einem Messer oder Löffel abnehmen und in einem kleinen Saucentopf bei schwacher Hitze schmelzen lassen.

- Zum Aromatisieren der braunen Butter einfach beim Erwärmen etwas Vanilleschote, Knoblauch, Ingwer, 1 Stück Zimtrinde, 1 angedrückte Kardamomkapsel oder Orangen- und Zitronenschale mitziehen lassen – ganz nach Geschmack!

Entfetten von Enten- oder Gänsesauce

Einfachste Methode: Die Sauce abkühlen lassen. Beim Erkalten setzt sich das Fett oben ab und kann leicht mit dem Schöpflöffel entfernt werden.

Kanne zum Trennen von Fett: Speziell konzipierte Fett-Trennkannen gibt es im Küchenfachhandel. Ihr Ausguss setzt direkt am Boden an. Damit geht das Trennen leicht: die fertige Sauce in die Kanne gießen, kurz stehen lassen, bis sich das Fett oben absetzt. Dann die Sauce in ein Serviergefäß abgießen. Sobald etwas Fett mitfließt, das Abgießen stoppen – das Enten- oder Gänsefett verbleibt in der Kanne.

Tipp: Zum Entfetten lasse ich die Sauce immer ungebunden. Erst nach dem Entfernen des Fetts wird sie gebunden (siehe dazu Tipps links).

FLEISCH & GEFLÜGEL

Gebratene Ente
mit Rotweinsauce

Zutaten für 4 Personen
Für die Ente
- ½ Zwiebel
- ½ Apfel
- Salz
- Pfeffer aus der Mühle
- getrockneter Majoran
- 1 Bauernente (ca. 2,5 kg)
- 1,2 l Hühnerbrühe

Für die Sauce
- 2 Zwiebeln
- 1 kleine Karotte
- 100 g Knollensellerie
- 1 EL Öl
- 2 TL Puderzucker
- 1 EL Tomatenmark
- 250 ml kräftiger Rotwein
- 1 TL Speisestärke
- 1 Zweig Majoran
- 2 Stängel Petersilie
- je 2 Scheiben Ingwer und Knoblauch
- 2 Streifen unbehandelte Orangenschale
- 20 g kalte Butter
- Salz

Zubereitung

1 **Für die Ente** den Backofen auf 140 °C vorheizen. Die Zwiebel schälen und in große Würfel schneiden. Den Apfel waschen, vierteln, das Kerngehäuse entfernen und das Fruchtfleisch ebenfalls in grobe Würfel schneiden. Zwiebel- und Apfelstücke vermischen und mit Salz, Pfeffer und 1 Prise Majoran würzen. Von der Ente die Flügelknochen abschneiden und alle Innereien entfernen. Die Ente innen und außen waschen und trocken tupfen.

2 Die Bauchhöhle der Ente mit der Zwiebel-Apfel-Mischung füllen. Die Ente mit der Bauchseite nach oben in einen Bräter legen und die Flügelknochen dazugeben. Die Brühe angießen und die Ente zugedeckt im Ofen auf der untersten Schiene etwa 3½ Stunden garen, bis die Haut hell und das Fleisch weich ist. Das dabei austretende Fett zwischendurch abschöpfen und beiseitestellen. Die Ente aus dem Bräter nehmen, die Brühe weitgehend entfetten und für die Sauce beiseitestellen.

3 Die Backofentemperatur auf 220 °C erhöhen. Von der Ente die Brüste und Keulen auslösen und aus den Keulen die Oberschenkelknochen entfernen. Die Füllung aus der Bauchhöhle entfernen. Entenkarkassen und Flügelknochen mit einer Geflügelschere oder einem Hackbeil zerkleinern, auf ein Backblech legen und im Ofen auf der mittleren Schiene etwa 20 Minuten knusprig braten. Ausgetretenes Fett entfernen.

4 **Für die Sauce** die Zwiebeln, die Karotte und den Knollensellerie schälen und in etwa 1 cm große Würfel schneiden. Das Öl in einer Pfanne erhitzen und das Gemüse darin andünsten. Den Puderzucker in einem Topf bei milder Hitze hell karamellisieren lassen. Das Tomatenmark unterrühren und leicht anbräunen. Die Hälfte des Rotweins dazugießen und sirupartig einköcheln lassen. Den restlichen Rotwein hinzufügen und ebenfalls einköcheln lassen. Die gebräunten Knochen, das angedünstete Gemüse sowie die beiseitegestellte Brühe bis auf 5 EL unterrühren und alles ohne Deckel knapp unter dem Siedepunkt 1 Stunde ziehen lassen.

5 Die Sauce durch ein feines Sieb in einen Topf gießen und auf die Hälfte einköcheln lassen. Die Speisestärke mit wenig kaltem Wasser glatt rühren, unter Rühren in die Sauce geben und diese 2 Minuten leicht köcheln lassen. Majoran, Petersilie, Ingwer, Knoblauch und Orangenschale hinzufügen, kurz ziehen lassen und wieder entfernen. Etwas Bratfett von der Ente und die kalte Butter unterrühren und die Sauce mit Salz abschmecken.

6 Den Backofengrill einschalten. Die Entenbrüste und -keulen mit der Hautseite nach oben auf ein Backblech legen und die übrigen 5 EL Brühe dazugeben. Das Entenfleisch im Ofen auf der unteren Schiene 10 bis 15 Minuten kross braten. Die Entenbrüste und -keulen mit der Sauce auf vorgewärmten Tellern anrichten. Dazu passen Brezenknödel, Kartoffelknödel, Schokoladen-Blaukraut (siehe Seite 106, Tipp), Selleriepüree (siehe Seite 78) und Meerrettichwirsing (siehe Seite 112, Tipp).

Burgunderbraten
mit Kartoffel-Artischocken-Gröstl

Zubereitung

1 Für den Braten den Backofen auf 160 °C vorheizen. Vom Fleisch mit einem scharfen Messer die äußeren Sehnen entfernen. Zwiebeln, Sellerie und Karotte schälen und in 1 cm große Würfel schneiden.

2 Eine große tiefe Pfanne bei mittlerer Temperatur erhitzen und 1 TL Öl mit einem Pinsel darin verstreichen. Rinderschulter und Fleischabschnitte darin rundum anbraten. Schulter herausnehmen, Fleischabschnitte einige Minuten länger braten. Mit dem Cognac ablöschen und einköcheln lassen, nach Belieben unmittelbar nach dem Ablöschen anzünden und flambieren. Puderzucker hineinstäuben, das Tomatenmark unterrühren und kurz anrösten. Mit dem Wein auf dreimal ablöschen und jeweils sirupartig einköcheln lassen. Mit der Brühe auffüllen.

3 Das restliche Öl in einem Bräter erhitzen und das Gemüse darin bei mittlerer Hitze andünsten. Rinderschulter daraufsetzen und mit geschlossenem Deckel im Ofen auf der untersten Schiene etwa 3½ Stunden schmoren, dabei ab und zu wenden.

4 Für das Gröstl inzwischen die Kartoffeln mit der Schale in Salzwasser weich garen. Abgießen und kurz ausdampfen lassen. Möglichst heiß pellen, abkühlen lassen und in dicke Scheiben schneiden. Artischockenböden auftauen lassen und in Spalten schneiden. Tomaten kreuzweise einritzen, heiß überbrühen, kalt abschrecken und häuten. Tomaten vierteln, Stielansatz und Kerne entfernen und die Viertel längs halbieren. Rosmarin waschen und trocken tupfen.

5 Eine Pfanne bei mittlerer Temperatur erhitzen und die braune Butter darin zerlassen. Kartoffeln und Artischocken in der Pfanne anbraten. Tomaten, Rosmarin und Knoblauch dazugeben und erhitzen. Das Gröstl mit Chilisalz würzen und warm halten.

6 Das Fleisch aus dem Ofen nehmen und warm halten. Piment, Pfeffer, Zimt, Wacholder und Lorbeer in die Sauce geben und die Sauce auf etwa die Hälfte einköcheln lassen. Dann Knoblauch, Ingwer, Zitronen- und Orangenschale hinzufügen und in der Sauce 5 Minuten ziehen lassen. Die Sauce durch ein Sieb in einen Topf gießen, dabei das Gemüse im Sieb etwas ausdrücken. Die Stärke in wenig kaltem Wasser glatt rühren, in die Sauce geben und diese köcheln lassen, bis sie leicht sämig bindet. Die Sauce noch 1 bis 2 Minuten köcheln lassen, dann die kalte Butter in Stücken unterrühren und die Sauce mit Chilisalz abschmecken.

7 Zum Servieren den Braten in Scheiben schneiden und mit der Sauce auf vorgewärmten Tellern anrichten. Das Gröstl auf Schälchen verteilen und extra dazu reichen.

Zutaten für 4 Personen
Für den Burgunderbraten

- 1,5 kg flache Rinderschulter (Schaufelbug)
- 2 Zwiebeln
- 100 g Knollensellerie
- 1 kleine Karotte
- 2 TL Öl
- 4 cl Cognac
- 1 TL Puderzucker
- 1 EL Tomatenmark
- 350 ml roter Burgunder (oder ein anderer kräftiger Rotwein)
- 1 l Hühnerbrühe
- je ½ TL Piment- und schwarze Pfefferkörner
- 1 Splitter Zimtrinde
- 5 Wacholderbeeren (leicht angedrückt)
- 1 Lorbeerblatt
- 1 Knoblauchzehe (halbiert)
- 2 Scheiben Ingwer
- je 1 Streifen unbehandelte Zitronen- und Orangenschale
- 1 TL Speisestärke
- 40 g kalte Butter
- mildes Chilisalz

Für das Gröstl

- 400 g Trüffelkartoffeln (blaue Mini-Kartoffeln)
- Salz
- 4 Artischockenböden (bissfest blanchiert; tiefgekühlt)
- 2 Tomaten
- 1 Zweig Rosmarin
- 1 EL braune Butter (siehe S. 83)
- 1 Knoblauchzehe (in Scheiben)
- mildes Chilisalz

FLEISCH & GEFLÜGEL

Rehrücken im Brotmantel
auf Birnen-Wirsing

Zutaten für 4 Personen
Für den Rehrücken
- 1 EL getrocknete Totentrompeten (schwarze Trompetenpilze)
- 150 g Kalbsbrät, 3 EL Sahne
- 1 TL Dijon-Senf
- 2 EL Petersilie (frisch geschnitten)
- rot-grünes Chili-Vanille-Salz (siehe S. 11)
- frisch geriebene Muskatnuss
- 1 Msp. abgeriebene unbehandelte Zitronenschale
- 1 Msp. frisch geriebener Ingwer
- 8 hauchdünne Scheiben dunkles Brot (vom Vortag)
- 4 Rehrückenfilets (à 80–100 g)
- 2 EL Öl

Für den Wirsing
- ½ Kopf Wirsing, Salz
- 100 g Sahne
- 1 Msp. abgeriebene unbehandelte Orangenschale
- frisch geriebene Muskatnuss
- Chilisalz
- 1 EL Butter
- 1 reife feste Birne
- 1 EL braune Butter (siehe S. 83)
- ½ TL Puderzucker
- 1 Splitter Zimtrinde
- Vanillesalz

Für die Sauce
- 1–2 TL Puderzucker
- 200 ml Rotwein
- ½ TL Speisestärke
- 100 g kalte Butter
- 1 EL getrocknete Cranberrys
- Salz

Zubereitung

1 **Für den Rehrücken** die Trompetenpilze in Wasser einmal aufkochen und 10 bis 15 Minuten ziehen lassen. Die Pilze abgießen, abtropfen lassen und klein schneiden. Das Brät mit der Sahne glatt rühren. Die Pilze mit dem Senf und der Petersilie unterrühren und das Brät mit rot-grünem Chilisalz, 1 Prise Muskatnuss, Zitronenschale und Ingwer würzen.

2 Den Backofen auf 140 °C vorheizen. Ein Ofengitter auf die mittlere Schiene und darunter ein Abtropfblech schieben. Je 2 Brotscheiben an der Längsseite leicht überlappend nebeneinanderlegen und etwa 3 mm dick mit dem Brät bestreichen. Die Rehrückenfilets waschen, trocken tupfen und darauflegen. Das Brot so aufrollen, dass das Fleisch vollständig eingewickelt ist. Das Öl in einer Pfanne erhitzen und die Filets im Brotmantel darin bei mittlerer Hitze rundum kräftig anbraten. Herausnehmen und auf dem Gitter im Ofen 15 bis 20 Minuten garen.

3 **Für den Wirsing** den Kohl putzen, waschen und die Blattrippen herausschneiden. Die Blätter in 3 bis 4 cm große Stücke zupfen und in kochendem Salzwasser 3 bis 4 Minuten blanchieren. In ein Sieb abgießen, kalt abschrecken und gut abtropfen lassen. Mit den Händen das restliche Wasser gut ausdrücken. Den Wirsing mit der Sahne in einem Topf erhitzen und etwas einkochen lassen. Mit Orangenschale, 1 Prise Muskatnuss und Chilisalz würzen. Kurz vor dem Servieren die Butter dazugeben und darin schmelzen lassen.

4 Die Birne waschen, vierteln, entkernen und in Spalten schneiden. Die Spalten quer halbieren und in der braunen Butter in einer Pfanne andünsten. Den Puderzucker darüberstäuben und hell karamellisieren. Etwas Zimt darüberreiben und die Birnen mit Vanillesalz würzen.

5 **Für die Sauce** den Puderzucker in einem Topf hell karamellisieren, mit Wein ablöschen und auf ein Viertel einkochen lassen. Die Speisestärke mit etwas kaltem Wasser glatt rühren. Unter die leicht kochende Sauce rühren und diese 1 Minute kochen lassen. Die kalte Butter in Stückchen unter ständigem Rühren bei milder Hitze unterschlagen. Die Sauce vom Herd nehmen, die Cranberrys unterrühren und die Sauce mit Salz würzen.

6 Den Wirsing auf Teller und die Rotweinsauce darum herum verteilen. Die Rehfilets im Brotteig schräg halbieren, darauf anrichten und mit den karamellisierten Birnenspalten garnieren.

Entenbrust
auf Sellerie, Roter Bete und Bratapfel

Zubereitung

1 Für die Entenbrust den Backofen auf 100 °C vorheizen, ein Ofengitter auf die mittlere Schiene und darunter ein Abtropfblech schieben. Die Entenbrustfilets waschen, trocken tupfen, eventuelle Federkiele entfernen. Die Hautseiten rautenförmig einritzen. Das Öl in einer Pfanne erhitzen und die Entenbrustfilets darin bei mittlerer Hitze auf der Hautseite etwa 5 Minuten anbraten. Die Entenbrüste wenden und auf der Fleischseite ebenfalls kurz anbraten. Das Fleisch aus der Pfanne nehmen und auf dem Gitter im Ofen etwa 50 Minuten garen.

2 Für das Gemüse die Roten Beten in kochendem Salzwasser mit 1 Prise Kümmel etwa 1 Stunde weich garen. Abgießen, kalt abschrecken, schälen und in Spalten schneiden. Den Knollensellerie putzen, schälen und in 1 cm dicke Scheiben schneiden. Im Fond mit den Ingwerscheiben etwa 40 Minuten bissfest garen. Die Frühlingszwiebeln putzen, waschen und in 4 cm lange Stücke schneiden. Etwa 2 Minuten vor Ende der Garzeit zum Sellerie geben und mitgaren. Beides in ein Sieb abgießen, dabei den Fond auffangen. Das Gemüse abkühlen lassen und den Sellerie in 2 bis 3 cm große Stücke schneiden.

3 Für die Marinade den Fond mit Senf, Essig, Salz, Pfeffer und 1 Prise Zucker verrühren. Das Öl und das Olivenöl unterschlagen und die Marinade auf 2 Schüsseln verteilen. In eine Schüssel den Sellerie und die Frühlingszwiebeln, ¼ Vanilleschote und Zitronenschale einlegen. In die andere Schüssel die Roten Beten mit restlicher Vanilleschote und Orangenschale einlegen. Beides noch mal kräftig würzen und ziehen lassen.

4 Den Apfel waschen, vierteln, entkernen und in Spalten schneiden. Die Butter und den Puderzucker in einer Pfanne erhitzen, mit Calvados ablöschen und die Apfelspalten darin kurz andünsten.

5 Die braune Butter in einer Pfanne bei milder Hitze zerlassen. Die Gewürze und den Thymian hinzufügen, einige Minuten ziehen lassen und mit Chilisalz würzen. Die Entenbrüste aus dem Ofen nehmen, schräg in Scheiben schneiden und kurz in der Gewürzbutter wenden.

6 Das Gemüse aus der Marinade nehmen und auf Teller verteilen. Die Entenbrustscheiben und Apfelspalten darauflegen. Den Sahnemeerrettich mit der Orangenschale verrühren und danebensetzen. Den Feldsalat mit Selleriemarinade mischen und dekorativ auf den Tellern verteilen.

Zutaten für 4 Personen
Für die Entenbrust
- 2 Barbarie-Entenbrustfilets (à 400 g)
- 2 EL Öl
- 6 EL braune Butter (siehe S. 83)
- 1 Scheibe Ingwer
- ¼ ausgekratzte Vanilleschote
- 1 Gewürznelke
- 1 Splitter Zimtrinde
- 1 Zacken Sternanis
- 1 Zweig Thymian
- mildes Chilisalz

Für das Gemüse und die Marinade
- 2 kleine Rote-Beten
- Salz, ganzer Kümmel
- 400 g Knollensellerie
- 1 l Gemüsefond
- 2 Scheiben Ingwer
- 4 Frühlingszwiebeln
- 1–2 TL scharfer Senf
- 5 EL milder Weißweinessig
- Pfeffer aus der Mühle, Zucker
- 5 EL mildes Öl
- 5 EL Olivenöl
- ½ ausgekratzte Vanilleschote
- je 1 Streifen unbehandelte Zitronen- und Orangenschale

Außerdem
- 1 Apfel
- 1 EL Butter, 1 TL Puderzucker
- 1–2 TL Calvados
- 2 EL Sahnemeerrettich (aus dem Glas)
- 1 Msp. abgeriebene unbehandelte Orangenschale
- Feldsalat

Glasierte Entenbrust
auf Wirsingspinat

Zutaten für 4 Personen
Für die Entenbrust und die Glasur
- 2 Barbarie-Entenbrustfilets (à 350–400 g; mit Haut)
- ½ TL Speisestärke
- 2 EL Ahornsirup
- 1 EL Sake (japan. Reiswein)
- 2 EL helle Sojasauce
- 1 Msp. geriebene Knoblauchzehe
- ½ TL Ingwer (gerieben)
- abgeriebene Schale von 1 unbehandelten Orange
- mildes Chilisalz

Für den Wirsingspinat
- 2 EL Erdnüsse
- ½ Wirsing (ca. 300 g)
- Salz
- 150 g junger Blattspinat
- 1 Knoblauchzehe
- 2 EL Gemüsebrühe
- 3 dünne Scheiben Ingwer
- mildes Chilisalz
- ½ TL Fünf-Gewürze-Pulver
- 20 g kalte Butter
- 1 EL braune Butter (siehe S. 83)

Zubereitung

1 Für die Entenbrust den Backofen auf 100 °C vorheizen. Auf die mittlere Schiene ein Ofengitter und darunter ein Abtropfblech schieben. Die Entenbrustfilets waschen, trocken tupfen und die Hautseite kreuzweise einritzen.

2 Eine Pfanne bei milder Hitze erwärmen und die Entenbrüste auf der Hautseite hineinlegen. Die Hitze langsam erhöhen und die Entenbrüste bei mittlerer Hitze 6 bis 8 Minuten goldbraun anbraten. Die Entenbrüste wenden und auf der Fleischseite kurz anbraten. Die Entenbrüste auf das Ofengitter setzen und im Ofen auf der mittleren Schiene 50 bis 60 Minuten rosa durchziehen lassen.

3 Inzwischen für die Glasur die Stärke in 1 EL kaltem Wasser glatt rühren. Ahornsirup, Sake, Sojasauce, Knoblauch und Ingwer in einem Topf aufkochen, die angerührte Stärke dazugeben und alles köcheln lassen, bis die Glasur leicht sämig bindet. Vom Herd nehmen und die Orangenschale unterrühren.

4 Für den Wirsingspinat die Erdnüsse in einer Pfanne ohne Fett bei mittlerer Hitze hell rösten, herausnehmen und grob hacken. Den Wirsing putzen, in einzelne Blätter teilen und die Blattrippen entfernen. Die Wirsingblätter in kochendem Salzwasser ein paar Minuten blanchieren. In ein Sieb abgießen, kalt abschrecken, abtropfen lassen und mit den Händen das überschüssige Wasser herausdrücken. Die Wirsingblätter in 1,5 bis 2 cm große Stücke schneiden.

5 Den Spinat verlesen, waschen und trocken schütteln. Den Knoblauch schälen und in Scheiben schneiden. Die Brühe mit Knoblauch und Ingwer in eine große tiefe Pfanne geben, den Wirsing und den Spinat dazugeben und erhitzen. Alles mit Chilisalz und dem Fünf-Gewürze-Pulver würzen. Die kalte Butter mit der braunen Butter unterrühren und 1 EL gehackte Erdnüsse dazugeben. Knoblauch und Ingwer vor dem Anrichten entfernen.

6 Die Entenbrüste aus dem Ofen nehmen, mit Chilisalz würzen und mit der Orangenglasur bestreichen. In Scheiben schneiden und mit dem Wirsingspinat auf vorgewärmten Tellern oder in vorgewärmten Schalen anrichten. Die übrigen Erdnüsse darüberstreuen.

Spanferkelfilet im Nudelblatt
auf Chilikraut mit Dörrpflaumen

Zubereitung

1 Für die Pflaumen den Teebeutel mit 250 ml kochendem Wasser aufgießen und 5 Minuten ziehen lassen. Den Beutel entfernen und den Cognac unter den Schwarztee rühren. Die Pflaumen in die Flüssigkeit einlegen und mindestens 6 Stunden ziehen lassen.

2 Für das Spanferkel die Lasagneblätter in reichlich kochendem Salzwasser 9 bis 10 Minuten vorkochen, mit dem Schaumlöffel herausnehmen, kalt abschrecken und zwischen 2 Lagen Frischhaltefolie legen.

3 Das Brät aus den Würsteln herausdrücken, in einer Schüssel mit der Sahne glatt rühren und mit Muskatnuss würzen. Kümmel und Koriander mischen und in eine Gewürzmühle füllen. Das Brät mit der Mischung aus der Gewürzmühle etwas würzen. Die Kräuter mischen und die Spanferkelfilets darin wenden.

4 Die Nudelblätter auf die Länge der Spanferkelfilets zuschneiden und gleichmäßig mit dem Brät bestreichen. Je 1 Filet darauflegen und so in das Nudelblatt einschlagen, dass die Enden dabei leicht überlappen. Die Nudelpäckchen in Frischhaltefolie einrollen, dann in Alufolie wickeln und die Enden so fest eindrehen, dass stramme Rollen entstehen. Die Nudelpäckchen in etwa 75 °C heißem Wasser 30 bis 35 Minuten gar ziehen lassen. Die Temperatur am besten mit einem Küchenthermometer kontrollieren.

5 Für das Kraut die Zwiebel schälen und in feine Würfel schneiden. Das Öl in einem Topf erhitzen und die Zwiebel darin andünsten. Das Sauerkraut dazugeben und kurz mitdünsten. Mit dem Wein ablöschen und fast völlig einkochen lassen. Die Brühe angießen, den Speck hinzufügen und das Kraut zugedeckt bei milder Hitze etwa 45 Minuten schmoren. Pfefferkörner, Wacholderbeeren und das Lorbeerblatt in einen Einwegteebeutel füllen, verschließen und nach 30 Minuten Garzeit mit dem Apfelmus zum Kraut geben. Die Gewürze am Ende der Garzeit wieder entfernen. Die Sahne und die Butter unter das Kraut rühren. Mit Chiliflocken und Salz würzen.

6 Das Chilikraut auf vorgewärmte Teller verteilen, die gedämpften Spanferkelpäckchen aus der Folie wickeln, schräg in Scheiben schneiden und mit den abgetropften Pflaumen auf dem Kraut anrichten.

Zutaten für 4 Personen
Für die Pflaumen
- 1 Beutel Schwarztee
- 4 EL Cognac
- 12 Dörrpflaumen

Für das Spanferkel
- 4 grüne Lasagneblätter
- Salz
- 4 rohe Schweinsbratwürstel (à 80 g; bzw. 300 g Schweinsbratwurstbrät vom Metzger)
- 4 EL kalte Sahne
- frisch geriebene Muskatnuss
- je 1 TL ganzer Kümmel und Korianderkörner für die Gewürzmühle
- 3 EL Petersilie (frisch geschnitten)
- 1 EL Liebstöckel (frisch geschnitten)
- 4 Spanferkelfilets (à 50–60 g)

Für das Kraut
- 1 große Zwiebel
- 1 EL Öl
- 800 g Sauerkraut (aus der Dose)
- 100 ml Weißwein
- 400 ml Gemüsebrühe
- 1 dicke Scheibe durchwachsener Speck (ca. 80 g)
- 5 schwarze Pfefferkörner
- 2 Wacholderbeeren (angedrückt)
- 1 Lorbeerblatt
- 2 EL Apfelmus
- 50 g Sahne
- 3 EL Butter
- ½–1 TL Chiliflocken, Salz

Lammkeule
mit Rosmarin-Polenta-Püree

Zutaten für 8 Personen
Für die Lammkeule
- 1 Lammkeule
  (ca. 2,2 kg; mit Knochen)
- 300 g Naturjoghurt
- 3 Zwiebeln
- 100 g Knollensellerie
- ½ kleine Karotte
- 1 EL Öl
- 1 TL Puderzucker
- ½–1 EL Tomatenmark
- 350 ml Hühnerbrühe
- 1 Lorbeerblatt
- ½ TL schwarze Pfefferkörner
- 1 TL Speisestärke
- 1 Knoblauchzehe (in Scheiben)
- 1 Scheibe Ingwer
- 1 Streifen unbehandelte Zitronenschale
- 1 Stück ausgekratzte Vanilleschote
- 1 Splitter Zimtrinde
- 2 Zweige Thymian
- mildes Chilisalz

Für das Rosmarin-Polenta-Püree
- 1 l Gemüsebrühe
- 1 l Milch
- 2 Lorbeerblätter
- 250 g Instant-Polenta (Maisgrieß)
- 1 EL Rosmarinnadeln (frisch geschnitten)
- 2 EL geriebener Parmesan
- 50 g braune Butter (siehe S. 83)
- mildes Chilisalz
- frisch geriebene Muskatnuss

Zubereitung

1 **Für die Lammkeule** 1 bis 2 Tage im Voraus das Fleisch rundum mit Joghurt bestreichen, in einen Gefrierbeutel legen und im Kühlschrank marinieren.

2 Am (über-)nächsten Tag den Backofen auf 120 °C vorheizen. Zwiebeln, Sellerie und Karotte schälen und in etwa 1,5 cm große Würfel schneiden. Die Lammkeule aus dem Beutel nehmen und den Joghurt mit Küchenpapier abtupfen. Eine große Pfanne bei mittlerer Temperatur erhitzen und das Öl mit einem Pinsel darin verstreichen. Die Keule im Öl rundum anbraten und wieder herausnehmen.

3 Den Puderzucker in die Pfanne stäuben, bei milder Hitze hell karamellisieren und die Gemüsewürfel darin andünsten. Das Tomatenmark dazugeben und kurz anrösten. Mit etwas Brühe ablöschen und alles in einen Bräter füllen. Die restliche Brühe dazugießen, die Lammkeule darauflegen und im Ofen auf der untersten Schiene etwa 2½ Stunden rosa garen. Dabei ab und zu mit Bratenfond beträufeln. Nach 2 Stunden Lorbeerblatt und Pfefferkörner in die Sauce geben.

4 Die Keule aus dem Bräter nehmen und warm halten. Die Sauce durch ein Sieb gießen und das Gemüse etwas ausdrücken. Die Sauce in einem Topf aufkochen. Die Stärke in wenig kaltem Wasser glatt rühren, in die Sauce geben und diese köcheln lassen, bis sie leicht sämig bindet. Knoblauch, Ingwer, Zitronenschale, Vanilleschote, Zimt und Thymian hinzufügen und knapp unter dem Siedepunkt wenige Minuten ziehen lassen. Die Würzzutaten wieder herausnehmen und die Sauce mit Chilisalz abschmecken.

5 **Für das Rosmarin-Polenta-Püree** die Brühe mit Milch und Lorbeerblättern in einem Topf aufkochen. Die Polenta einrieseln lassen und unter Rühren etwa 5 Minuten köcheln lassen. Rosmarin, Parmesan und braune Butter unterrühren und die Polenta mit Chilisalz und Muskatnuss würzen.

6 Zum Servieren die Lammkeule in dünne Scheiben schneiden und mit der Sauce auf vorgewärmten Tellern anrichten. Das Rosmarin-Polenta-Püree danebensetzen.

Gänsekeulen
mit Apfelrosenkohl und Kürbispüree

Zubereitung

1 **Für die Gänsekeulen** den Backofen auf 150 °C vorheizen. Die Zwiebeln, den Sellerie und die Karotte schälen und in etwa 1 cm große Würfel schneiden. Den Puderzucker in einem Topf bei milder Hitze hell karamellisieren und die Gemüsewürfel darin andünsten. Tomatenmark und Honig unterrühren und kurz mitdünsten.

2 Mit einem Drittel des Weins ablöschen und alles sirupartig einkochen lassen. Den restlichen Wein nach und nach angießen und jeweils einköcheln lassen, dann die Brühe dazugießen und alles in einen Bräter geben. Die Gänsekeulen waschen, trocken tupfen, in den Bräter legen und im Ofen etwa 2½ Stunden offen braten.

3 Die Gänsekeulen herausnehmen und warm stellen. Die Sauce durch ein Sieb in einen Topf geben, dabei das Gemüse etwas ausdrücken. Ingwer, Knoblauch, Apfel, Majoran, Beifuß und Orangenschale hinzufügen und einige Minuten in der Sauce ziehen lassen.

4 Die Speisestärke in wenig kaltem Wasser glatt rühren und nach und nach in die köchelnde Sauce geben, bis diese sämig bindet. Zum Schluss die Sauce nochmals durch ein Sieb gießen, mit Chilisalz abschmecken und warm halten.

5 **Für das Kürbispüree** den Kürbis waschen, vierteln und die Kerne mit einem Löffel entfernen. Die Kürbisviertel samt Schale in 1 bis 2 cm große Würfel schneiden. Die Brühe in einem Topf erhitzen und die Kürbiswürfel darin weich garen, dabei den Deckel so auflegen, dass ein Spalt offen bleibt. Anschließend alles in einen hohen Rührbecher füllen. Zimtpulver, Ingwer, Orangen- und Zitronenschale sowie die Butter und die braune Butter hinzufügen und alles mit dem Stabmixer pürieren. Mit Chilisalz würzen.

6 **Für den Apfelrosenkohl** den Rosenkohl putzen und in einzelne Blätter zerteilen. Die Blätter in Salzwasser kurz blanchieren, in ein Sieb abgießen, kalt abschrecken und abtropfen lassen. Den Apfel waschen, vierteln, entkernen und in kleine Stücke schneiden. Den Puderzucker in einer Pfanne hell karamellisieren, die braune Butter hinzufügen und die Rosenkohlblätter und Apfelstücke darin leicht andünsten.

7 Die Sauce auf vorgewärmte Teller verteilen und die Gänsekeulen darauflegen. Kürbispüree, Apfelrosenkohl und Rote-Bete-Salat (siehe Tipp) danebensetzen und alles nach Belieben mit 1 Handvoll Walnusskernen garnieren.

Tipp: Dazu schmeckt ein Rote-Bete-Salat. Dafür 400 g Rote Bete (vorgegart und vakuumiert) abtropfen lassen, in Spalten schneiden, mit 1–2 EL mildem Salatöl mischen und mit Salz, Pfeffer aus der Mühle und Zucker würzen.

Zutaten für 4 Personen
Für die Gänsekeulen
- 2 Zwiebeln
- 100 g Knollensellerie
- 1 kleine Karotte
- 1 TL Puderzucker
- 1 EL Tomatenmark, 1 TL Honig
- 350 ml kräftiger Rotwein
- 300 ml Hühnerbrühe
- 4 Gänsekeulen (à ca. 400 g; mit Knochen)
- 2 Scheiben Ingwer
- 1 Knoblauchzehe (in Scheiben)
- ¼ rotschaliger Apfel (z. B. Elstar; in Spalten)
- je 1 Zweig Majoran und Beifuß
- 1 Streifen unbehandelte Orangenschale
- 1 TL Speisestärke
- mildes Chilisalz

Für das Kürbispüree
- 1 Hokkaidokürbis (mit Schale; ca. 800 g)
- 250 ml Gemüsebrühe
- etwas Zimtpulver
- 1 Msp. geriebener Ingwer
- je 1 Msp. abgeriebene unbehandelte Orangen- und Zitronenschale
- 1 EL Butter
- 1 EL braune Butter (siehe S. 83)
- mildes Chilisalz

Für den Apfelrosenkohl
- 120 g Rosenkohl, Salz
- ¾ rotschaliger Apfel
- 1 TL Puderzucker
- 1 EL braune Butter

Beilagen

Kartoffelgratin

Für 4 Personen
- 1 EL Butter für die Form
- 400 g Sahne
- 1 Knoblauchzehe (halbiert)
- 2 Scheiben Ingwer
- 1 Streifen unbehandelte Zitronenschale
- 1 Zweig Thymian
- Salz
- Pfeffer aus der Mühle
- frisch geriebene Muskatnuss
- 1 kg mehligkochende Kartoffeln

Zubereitung

1 Den Backofen auf 180 °C vorheizen. Eine ofenfeste Form mit Butter einfetten. Die Sahne in einem Topf aufkochen und vom Herd nehmen. Knoblauch, Ingwer, Zitronenschale und Thymianzweig in die Sahne geben und 5 Minuten darin ziehen lassen. Alle Gewürze wieder entfernen (oder die Sauce durch ein Sieb gießen). Die Sahne mit Salz, Pfeffer und Muskatnuss würzen.

2 Die Kartoffeln schälen, waschen und in 2 mm dicke Scheiben hobeln. Die Kartoffelscheiben mit der Sahne vermischen, in die Form füllen und im Ofen auf der mittleren Schiene etwa 40 Minuten goldbraun backen. Nach Belieben das Kartoffelgratin vor dem Backen mit 100 g geriebenem Bergkäse bestreuen. Noch würziger wird es mit 1 Prise Oregano.

BEILAGEN

Schwarzwurzel-Rosenkohl-Gemüse

Zutaten für 4 Personen
- 400 g Rosenkohl
- Salz
- 400 g Schwarzwurzeln
- 50 ml Gemüsebrühe
- 1 EL Butter
- Pfeffer aus der Mühle
- frisch geriebene Muskatnuss
- 1 EL Petersilienblätter (frisch geschnitten)

Zubereitung

1 Den Rosenkohl putzen und in einzelne Blätter teilen, den Strunk dabei entfernen. Rosenkohlblätter waschen und in Salzwasser 2 bis 3 Minuten blanchieren. In ein Sieb abgießen, kalt abschrecken und abtropfen lassen.

2 Die Schwarzwurzeln unter fließendem kaltem Wasser gründlich bürsten, schälen und schräg in Scheiben schneiden. In einem Topf in Salzwasser 3 bis 4 Minuten blanchieren. In ein Sieb abgießen, kalt abschrecken und abtropfen lassen.

3 Den Rosenkohl und die Schwarzwurzeln mit der Brühe in einen Topf geben und erhitzen. Die Butter hinzufügen und das Schwarzwurzel-Rosenkohl-Gemüse mit Salz, Pfeffer, 1 Prise Muskatnuss und der Petersilie würzen.

Tipp: Sehr gut passen in dieses Wintergemüse noch gekochte Maronen. Ich serviere es zu Wild, Ente oder Gans.

Limettenreis mit Sternanis

Zubereitung

1 Den Backofen auf 180 °C vorheizen. Den Reis in ein Sieb geben, gründlich mit kaltem Wasser abspülen und abtropfen lassen.

2 Die Zwiebel schälen und in feine Würfel schneiden. Das Öl in einem ofenfesten Topf erhitzen und die Zwiebelwürfel darin bei milder Hitze glasig andünsten. Den Reis, die Limettenschale und den Sternanis hinzufügen und kurz mitdünsten. Die Brühe dazugießen und einmal aufkochen lassen.

3 Den Limettenreis zugedeckt im Ofen auf der mittleren Schiene 15 bis 20 Minuten kernig ausquellen lassen. Die Limettenschale und den Sternanis entfernen, die kalte Butter unterrühren und den Reis mit Salz und 1 Prise Cayennepfeffer abschmecken.

Tipp: Für Kardamomreis ersetzen Sie die Limettenschale und den Sternanis durch 2 angedrückte Kardamomkapseln.

Zutaten für 4 Personen
- 250 g Basmatireis
- 1 kleine Zwiebel
- 1 EL Öl
- 5 Streifen unbehandelte Limettenschale
- 1 Zacken Sternanis
- 350 ml Gemüsebrühe
- 20 g kalte Butter
- Salz
- Cayennepfeffer

BEILAGEN

Blaukraut-Grundrezept

Zutaten für 4 Personen
- 1 kleiner Rotkohl (ca. 800 g)
- je 1 TL Salz und Zucker
- 1 EL Puderzucker
- 100 ml Portwein
- 200 ml kräftiger Rotwein
- 125 ml Gemüsebrühe
- 1 Lorbeerblatt
- 5 Pimentkörner
- ½ TL schwarze Pfefferkörner
- 2 Gewürznelken
- 1 Splitter Zimtrinde
- 1 Stück Vanilleschote (2 cm)
- 2 EL Apfelmus
- 1 EL Preiselbeerkompott
- 1 EL milder Aceto balsamico

Zubereitung

1 Den Rotkohl putzen, die äußeren Blätter entfernen. Den Kohl vierteln und auf dem Gemüsehobel in Streifen hobeln, bis nur noch der Strunk übrig ist. Die Kohlstreifen in eine Schüssel geben, mit Salz und Zucker vermischen und 10 bis 15 Minuten ziehen lassen.

2 Den Puderzucker in einem Topf hell karamellisieren, den Portwein und den Rotwein angießen und auf ein Drittel einköcheln lassen. Rotkohl und Brühe hinzufügen, das Ganze direkt mit einem Blatt Backpapier bedecken und bei milder Hitze etwa 1½ Stunden mehr ziehen als köcheln lassen, dabei öfter umrühren.

3 Nach 1 Stunde das Lorbeerblatt hinzufügen. Piment, Pfefferkörner, Nelken, Zimt und Vanilleschote in ein Gewürzsäckchen füllen. Das Säckchen verschließen und zu dem Gemüse geben.

4 Am Ende der Garzeit das Apfelmus und die Preiselbeeren unter das Blaukraut rühren. Das Lorbeerblatt und das Gewürzsäckchen entfernen. Den Balsamicoessig hineinrühren und das Blaukraut ggf. nachwürzen.

Tipp: Für Schokoladen-Blaukraut das Grundrezept wie beschrieben zubereiten. Am Ende mit dem Apfelmus ½ bis 1 TL gehackte Zartbitterkuvertüre unterrühren.

Blaukraut-Varianten

Bratapfelmus für Blaukraut mit Bratapfelmus

Zubereitung

1 Den Backofen auf 180 °C vorheizen. Die Äpfel waschen und mit einem Kerngehäuseausstecher entkernen. Den Apfelsaft in eine kleine Auflaufform geben. Zimtrinde und Vanille einlegen. Äpfel in den Bräter setzen, mit Butterflöckchen belegen und mit braunem Zucker bestreuen. Im vorgeheizten Ofen etwa 40 Minuten braten, bis die Äpfel sehr weich sind. Aus dem Ofen nehmen, Zimtrinde und Vanille entfernen und zusammen mit dem Sud pürieren.

2 Je nach Geschmack noch mit etwas Zucker und 1 Prise Zimt abschmecken. 3 EL Bratapfelmus anstelle vom Apfelmus unter das Blaukraut rühren.

Tipp: Um das übrige Bratapfelmus zu konservieren, den Backofen auf 200 °C schalten. Auf die unterste Schiene ein tiefes Blech schieben, etwa 2 cm hoch Wasser einfüllen und zwei Blätter Küchenpapier einlegen. Das Apfelmus bis zum Rand in Gläser füllen und diese gut verschließen. Die Gläser mit Abstand auf das Blech stellen und das Apfelmus im Wasserbad 20 Minuten einkochen. Die Ofentür öffnen und die Gläser im Ofen abkühlen lassen. Bei kühler Zimmertemperatur hält es sich etwa 6 Monate.

Zutaten für ca. 400 g
- 3 kleinere Boskop-, ersatzweise andere säuerliche Äpfel
- 150 ml Apfelsaft
- 1 Stück Zimtrinde (2 cm)
- ½ Vanilleschote (längs halbiert)
- 30 g Butter
- 1 EL brauner Zucker
- Zimtpulver

Holunder-Birnen-Ragout für Holunder-Birnen-Blaukraut

Zubereitung

1 Die Holunderbeeren verlesen und waschen. Die Speisestärke mit 1 EL Rotwein glatt rühren. Die Hälfte des Zuckers in einem Topf karamellisieren. Den Karamell mit dem restlichen Rotwein ablöschen und den Sud auf zwei Drittel einköcheln lassen.

2 Die angerührte Speisestärke unter den Rotweinsud rühren und den Sud bei milder Hitze 2 bis 3 Minuten köcheln lassen. Die Vanilleschote mit der Zitronen- und Orangenschale, dem Zimt und den Holunderbeeren in den Topf geben und das Ragout knapp unter dem Siedepunkt 5 Minuten ziehen lassen.

3 Inzwischen die Birne vierteln, schälen, das Kerngehäuse entfernen und die Viertel quer in 6 bis 8 mm breite Stücke schneiden. Die Birnen in das Holunderragout geben und bei milder Hitze 3 Minuten mitdünsten. Das Ragout vom Herd nehmen, mit dem Zitronensaft abschmecken und etwas abkühlen lassen. Die ganzen Gewürze entfernen. 120 bis 150 g Holunder-Birnen-Ragout unter das Blaukraut mischen.

Zutaten für ca. 300 g
- 100 g Holunderbeeren (außerhalb der Saison tiefgekühlt, ggf. online kaufen)
- 1 TL Speisestärke
- 150 ml kräftiger Rotwein
- 30 g Zucker
- 1 Stück Vanilleschote (3 cm)
- je 1 Streifen unbehandelte Zitronen- und Orangenschale
- 1 Stück Zimtrinde (2 cm)
- 1 reife, feste Birne
- 1 Spritzer Zitronensaft

Grüne Weihnachts-Spätzle

Grün ist eine der schönsten Farben für die Weihnachtszeit. Und frisches Grün gibt's auch im Winter für die Küche. Und so feiern wir ein Fest der Farben auf dem Teller mit selbst gemachten Spätzle, die sich im Grün von Winterspinat und Kräutern als weihnachtliche Beilage richtig fein machen!

Kräuter-Spinat-Spätzle

Zutaten für 4 bis 6 Personen

Für das Pesto
- 60 g frischer Winterblattspinat
- 1 EL Mandelblättchen
- einige Stängel Petersilie und Basilikum
- 1 EL geriebener Parmesan
- 1 Knoblauchzehe
- 3 EL Olivenöl
- 2 EL braune Butter (siehe S. 83)
- ½ Zitrone
- Salz, Pfeffer

Für die Spätzle
- einige Stängel Petersilie und Basilikum
- 70 g Crème fraîche
- 70 g saure Sahne
- 5 Eier
- 1 EL Öl
- 500 g doppelgriffiges Mehl (Instant- oder Spätzlemehl)
- Salz
- frisch geriebene Muskatnuss

Zubereitung

1 Für das Pesto den Blattspinat verlesen, waschen und die groben Stiele entfernen. Topf erhitzen, den Spinat tropfnass hineingeben und zusammenfallen lassen. In ein Sieb abgießen, kalt abschrecken und gut ausdrücken. Anschließend fein hacken.

2 Die Mandelblättchen in einer Pfanne ohne Fett hell rösten. 60 g gewaschene Kräuter abzupfen, kurz abbrausen, trocken schütteln und mit dem gehackten Spinat, den Mandeln, dem geriebenen Parmesan, der fein gehackten Knoblauchzehe, dem Olivenöl und der braunen Butter im Mixer pürieren. Mit Zitronensaft sowie Salz und Pfeffer würzen.

3 Für die Spätzle die Kräuterblätter von den Stielen zupfen, waschen, trocken schütteln und klein schneiden. Crème fraîche, saure Sahne, Eier, Öl und die Kräuter im Mixer pürieren.

4 Die Mischung mit dem Mehl in einer Schüssel mit den Knethaken des Handrührgeräts verkneten, bis der Teig Blasen wirft. Mit Salz und frisch geriebener Muskatnuss abschmecken.

5 Reichlich Salzwasser zum Sieden bringen. Einen Spätzlehobel kurz in das heiße Wasser tauchen, den Teig portionsweise hineinfüllen und die Spätzle in das siedende Wasser hobeln. Wenn die Spätzle an die Oberfläche steigen, einmal kurz aufkochen lassen, mit dem Schaumlöffel herausheben und abtropfen lassen.

6 Die Spätzle in einer Pfanne bei mittlerer Hitze kurz erwärmen und mit dem Kräuter-Spinat-Pesto mischen. Sie passen hervorragend zu Lamm (z.B. Lammkeule, siehe S. 96), kurz gebratenem Schwein wie Filet oder Medaillons oder zu Pute.

Kartoffelpüree mit 3 Variationen

Einfach gut! – Zu diesem Lob fällt mir als allererstes ein selbst gemachtes Kartoffelpüree ein: ganz einfach zu machen, geschwind fertig und so rundum gut, dass es wirklich jeder und jedem toll schmeckt. Die perfekte Beilage also für ein weihnachtliches Familienmenü – und so vielfältig zu variieren!

Grundrezept

Zutaten für 4 Personen
- 1 kg mehligkochende Kartoffeln
- Salz
- 250 ml Milch
- 1 EL Butter
- 2 EL braune Butter (siehe S. 83)
- frisch geriebene Muskatnuss

Für die Püree-Variationen wahlweise:
- 1 unbehandelte Zitrone
- 100 g Blattspinat
- 1 Apfel + 2 EL Apfelmus

Zubereitung

1 Die Kartoffeln waschen und in Salzwasser weich garen. Abgießen und kurz ausdampfen lassen. Die Kartoffeln möglichst heiß pellen und durch die Kartoffelpresse in einen Topf oder eine Schüssel drücken.

2 Die Milch erhitzen und mit einem Kochlöffel unter die durchgepressten Kartoffeln rühren. Butter und braune Butter ebenfalls unterrühren und das Püree mit Salz sowie frisch geriebener Muskatnuss abschmecken.

Zubereitung der 3 Variationen

3 Für ein Zitronen-Kartoffel-Püree die unbehandelte Zitrone heiß abwaschen und trocken tupfen. Schale fein abreiben und unter das fertige Püree rühren. Das Püree passt sehr gut zu Fisch wie Forelle (siehe S. 67) oder Seezunge (siehe S. 68) oder zu Burgunderbraten (siehe S. 87).

4 Für ein Spinat-Kartoffel-Püree den Spinat verlesen, waschen und abtropfen lassen, grobe Stiele entfernen. Spinatblätter klein hacken und unter das fertige, heiße Püree rühren. Das Püree passt zu Schweinefilet (siehe S. 81), Lammkeule (siehe S. 96) oder Gans (siehe S. 99).

5 Für ein Apfel-Kartoffel-Püree den Apfel vierteln, schälen, entkernen und in sehr kleine (3 bis 5 mm große) Würfel schneiden. Die Apfelwürfel mit dem Apfelmus unter das fertige Püree rühren. Das Püree schmeckt zu Reh (siehe S. 170), Ente (siehe S. 84) oder Burgunderbraten (siehe S. 87).

Kartoffelsalat

Zubereitung

1 Für den Salat die Kartoffeln waschen und in reichlich Salzwasser weich kochen. Abgießen, noch heiß pellen und abkühlen lassen. Die abgekühlten Kartoffeln in 4 bis 5 mm dicke Scheiben schneiden und in eine Schüssel geben.

2 Für das Dressing die Brühe erhitzen, mit Essig und Senf verrühren und mit je 1 Prise Chilisalz und Zucker würzen. 1 Handvoll Kartoffelscheiben hinzufügen und mit dem Stabmixer pürieren. Das Dressing nach und nach unter die Kartoffelscheiben mischen, bis die Flüssigkeit vollständig gebunden ist.

3 Die Zwiebel schälen und in feine Würfel schneiden. In einer Pfanne 1 EL Öl erhitzen und die Zwiebelwürfel darin bei milder Hitze glasig dünsten. Die Radieschen putzen, waschen und in Scheiben schneiden. Die Gurke schälen und in Scheiben schneiden. Die braune Butter, die Zwiebel, die Petersilie und die Radieschen- sowie die Gurkenscheiben unter den Kartoffelsalat heben. Nach Belieben Pfeffer grob darübermahlen.

Tipp: Der Kartoffelsalat schmeckt auch pur, ohne Gurken und Radieserl, oder nur mit einem von beiden oder mit Schnittlauch anstelle von Petersilie.

Für 4 Personen

Für den Salat
- 1 kg vorwiegend festkochende Kartoffeln
- Salz
- 1 kleine Zwiebel
- 2 EL Öl
- ½ Bund Radieschen (optional)
- ½ Salatgurke (optional)
- 2 EL braune Butter (siehe S. 83)
- 1 EL Petersilienblätter (frisch geschnitten)

Für das Dressing
- 400 ml Hühnerbrühe
- 3 EL Rotweinessig
- 1 EL scharfer Senf
- mildes Chilisalz
- Zucker

Rahmwirsing

Zutaten für 4 Personen
- 1 kg Wirsing
- Salz
- 80 ml Gemüsebrühe
- 120 g Sahne
- mildes Chilisalz
- frisch geriebene Muskatnuss

Zubereitung

1 Den Wirsing putzen, die äußeren Blätter ablösen, den Strunk herausschneiden und den Wirsing in einzelne Blätter teilen. Die Blattrippen entfernen und die Blätter waschen.

2 Den Wirsing in kochendem Salzwasser etwa 10 Minuten garen. In ein Sieb abgießen, kalt abschrecken und abtropfen lassen. Das überschüssige Wasser ausdrücken. Die Wirsingblätter in etwa 2 cm große Stücke schneiden.

3 Den Wirsing mit der Brühe und der Sahne in einem Topf erhitzen und mit Chilisalz und Muskatnuss würzen.

Tipp: Für pikanten Meerrettichwirsing zum Schluss noch 2 bis 3 EL Sahnemeerrettich aus dem Glas unterrühren oder frischen Meerrettich darüberreiben.

Schwammerl mit Knödeln

Zubereitung

1 **Für die Schwammerl** die Brühe erhitzen und die getrockneten Pilze darin knapp unter dem Siedepunkt 20 Minuten ziehen lassen. In ein Sieb abgießen, dabei die Pilzbrühe auffangen. Die Pilze kurz abkühlen lassen, fein hacken und für die Knödel beiseitestellen.

2 Die Pilzbrühe mit der Sahne erhitzen. Die Speisestärke mit wenig kaltem Wasser glatt rühren, in die Sauce geben und diese 2 Minuten köcheln lassen, bis sie sämig bindet. Lorbeerblatt, Chili, Knoblauch, Ingwer und etwas Chilisalz hinzufügen und alles einige Minuten ziehen lassen. Die Sauce in ein Sieb abgießen, die ganzen Gewürze entfernen.

3 Die Pilze putzen und, falls nötig, trocken abreiben (Pfifferlinge gründlich putzen, falls nötig, waschen und trocken tupfen). Alle Pilze in Stücke schneiden. Die Zwiebel schälen und in feine Würfel schneiden. Koriander- und Pfefferkörner, Fenchelsamen sowie Kümmel in eine Gewürzmühle füllen. Eine Pfanne bei mittlerer Temperatur erhitzen, das Öl mit einem Pinsel darin verstreichen und die Zwiebel leicht andünsten. Die Pilze dazugeben und etwa 3 Minuten anbraten. Die Petersilie hinzufügen und alles mit den Gewürzen aus der Gewürzmühle würzen. Braune Butter und Zitronenschale dazugeben und die Pilze warm halten.

4 **Für die Semmelknödel** das Weißbrot in möglichst dünne Scheiben schneiden und mit den gehackten Trockenpilzen vom Saucenansatz in eine Schüssel geben. Die Milch aufkochen, nach und nach mit den Eiern verrühren und mit Chilisalz und 1 Prise Muskatnuss würzen. Die Eiermilch mit den Händen locker mit dem Weißbrot vermischen, dabei nicht drücken.

5 Die Zwiebel schälen, in feine Würfel schneiden und in einer Pfanne mit 100 ml Wasser weich garen, bis die Flüssigkeit eingekocht ist. Mit den Kräutern zur Weißbrotmasse geben und diese mit einem Küchentuch bedeckt 20 Minuten ziehen lassen. Danach aus der Knödelmasse mit angefeuchteten Händen 8 Knödel formen und diese in siedendem Salzwasser etwa 20 Minuten ziehen lassen. Mit dem Schaumlöffel herausheben und abtropfen lassen.

6 Zum Servieren den Dill waschen, trocken tupfen und die Spitzen abzupfen. Die Sauce in Serviertöpfchen oder auf vorgewärmte tiefe Teller verteilen, die Pilze darauf mittig anrichten und die Knödel daraufsetzen. Mit Dillspitzen garnieren.

Für 4 Personen

Für die Schwammerl
- 500 ml Gemüsebrühe
- 3 EL getr. Champignons oder Egerlinge
- 200 g Sahne
- 1–2 TL Speisestärke
- 1 Lorbeerblatt
- 1 kleine getr. rote Chilischote
- 1 Knoblauchzehe (in Scheiben)
- 2 Scheiben Ingwer
- mildes Chilisalz
- 600 g Pilze (z.B. Champignons, Pfifferlinge oder Steinpilze)
- ½ Zwiebel
- je ½ TL Koriander- und schwarze Pfefferkörner, Fenchelsamen sowie ganzer Kümmel für die Gewürzmühle
- 1–2 TL Öl
- 1 EL Petersilienblätter (frisch geschnitten)
- 1–2 TL braune Butter (siehe S. 83)
- 1 Msp. abgeriebene unbehandelte Zitronenschale

Für die Semmelknödel
- 300 g Weißbrot (vom Vortag)
- 250 ml Milch
- 3 Eier
- mildes Chilisalz
- frisch geriebene Muskatnuss
- ½ Zwiebel
- 2 EL gemischte Kräuterblätter (z.B. Kerbel und Petersilie; frisch geschnitten)
- Salz

Außerdem
- 4 Stängel Dill zum Garnieren

Desserts, Kuchen & Gebäck

DESSERTS, KUCHEN & GEBÄCK

Tiramisu mit Mandelkrokant

Zutaten für 4–6 Personen
Für den Mandelkrokant
- 30 g Mandelblättchen
- 40 g Zucker

Für die Creme
- 250 g gekühlter Mascarpone
- 30 g Zucker
- 1 TL Vanillezucker
- Salz
- 200 g Sahne

Außerdem
- 200 ml Kaffee
- 2 cl Mandellikör (z.B. Amaretto)
- 150 g Löffelbiskuits
- 1–2 EL Kakaopulver
- 1 Msp. Zimtpulver

Zubereitung

1 **Für den Mandelkrokant** die Mandelblättchen in einer Pfanne ohne Fett bei mittlerer Hitze unter ständigem Rühren hell rösten, herausnehmen und abkühlen lassen. Den Zucker in die Pfanne geben und bei milder Hitze hell karamellisieren. Die Mandelblättchen dazugeben und rasch unterrühren.

2 Die Karamellmasse auf ein mit Backpapier belegtes Schneidebrett geben, mit einem zweiten Blatt Backpapier belegen und mit dem Nudelholz möglichst dünn ausrollen. Abkühlen lassen und grobkörnig zerstoßen.

3 **Für die Creme** den Mascarpone mit Zucker, Vanillezucker und 1 Prise Salz glatt rühren. Die Sahne cremig schlagen. Ein Drittel der Schlagsahne mit einem Schneebesen in den Mascarpone rühren, die übrige Sahne und den Krokant mit einem Teigspatel unterheben.

4 Kaffee und Likör in einem tiefen Teller mischen. Die Hälfte der Löffelbiskuits nacheinander darin eintauchen und eine kleine rechteckige Auflaufform damit dicht auslegen. Die Hälfte der Mascarponecreme darauf verteilen und glatt streichen.

5 Die restlichen Löffelbiskuits ebenfalls in die Kaffee-Likör-Mischung eintauchen und dicht auf der Cremeschicht auslegen. Die übrige Creme daraufgeben und glatt verstreichen. Das Tiramisu mit Frischhaltefolie abdecken und 1 bis 2 Stunden kühl stellen.

6 Zum Servieren Kakao und Zimt mischen und durch ein feines Sieb gleichmäßig auf das Tiramisu sieben. Das Tiramisu in Stücke schneiden und auf Dessertteller setzen.

Tipp: Eine fruchtige Variante ist ein Limoncello-Himbeer-Tiramisu: Dafür 60 ml Wasser mit 20 g Zucker aufkochen – der Zucker sollte sich dabei auflösen –, vom Herd nehmen und abkühlen lassen. Das Zuckerwasser mit 120 ml Limoncello (ital. Zitronenlikör) verrühren. Die Löffelbiskuits anstatt in Kaffee in die Limoncello-Mischung tauchen und mit etwa 300 g Himbeeren und der Mascarponecreme einschichten. Da das Dessert ohne Eier zubereitet wird (im Gegensatz zum italienischen Original), kann man es auch gut noch am nächsten Tag genießen.

Schokoladensoufflé
mit Gewürzsahne

Zubereitung

1 Für das Soufflé die Förmchen mit Butter einfetten und mit Zucker ausstreuen. Den Backofen auf 220 °C vorheizen. Auf die unterste Schiene ein tiefes Backblech schieben, etwa 2 cm hoch mit heißem Wasser füllen und ein Blatt Küchenpapier einlegen.

2 Die Mandelblättchen in einer Pfanne ohne Fett bei mittlerer Hitze unter ständigem Rühren hell rösten, herausnehmen und abkühlen lassen. Die Schokolade klein hacken und in einer Metallschüssel über dem heißen Wasserbad schmelzen.

3 Die Eier trennen. Die weiche Butter in einer Schüssel mit den Quirlen des Handrührgeräts schaumig schlagen. Nach und nach die Eigelbe unterrühren. Die flüssige Schokolade und den Rum ebenfalls hinzufügen und unterrühren.

4 Die Eiweiße mit 1 Prise Salz zu einem cremigen Schnee schlagen, dabei nach und nach den Zucker einrieseln lassen. Den Eischnee vorsichtig mit einem Teigspatel unter die Schokoladenmasse ziehen und die Mandelblättchen unterheben.

5 Die Souffléförmchen etwa drei Viertel hoch mit der Schokoladenmasse füllen und in das vorbereitete Blech stellen. Die Schokoladensoufflés im Ofen im heißen Wasserbad 15 bis 20 Minuten garen.

6 Für die Gewürzsahne die Sahne mit dem Vanillezucker, den Gewürzen und der Orangenschale in einer Schüssel verrühren und mit den Quirlen des Handrührgeräts halbsteif schlagen.

7 Die Schokoladensoufflés aus dem Ofen nehmen und sofort auf Desserteller stürzen. Die Gewürzsahne am Rand darüberträufeln und das Dessert gleich servieren.

Tipp: Die Schokoladensoufflés sollten Sie am besten erst kurz vor dem Servieren backen – frisch aus dem Ofen sind sie wunderbar luftig und schmecken besonders fein. Um die heißen Soufflés zu stürzen, fasst man die Förmchen mit einem gefalteten Küchentuch oder einer Stoffserviette an.

Zutaten für 4 ofenfeste Förmchen (à ca. 150 ml Inhalt)

Für das Soufflé
- 2 EL Mandelblättchen
- 35 g Zartbitterschokolade
- 3 Eier
- 35 g weiche Butter
- 1 TL Rum
- Salz
- 40 g Zucker

Für die Gewürzsahne
- 200 g Sahne
- 1 TL Vanillezucker
- je ½ TL gemahlener Kardamom und Zimtpulver
- je 1 Msp. gemahlene Anissamen und Pimentkörner
- ½ TL abgeriebene unbehandelte Orangenschale

Außerdem
- Butter und Zucker für die Förmchen

Schwarzwälder Kirschtörtchen
mit Zimt und Rotwein

Zutaten für 6 Törtchen
Für den Schokoladenbiskuit
- 80 g Zartbitterkuvertüre
- 20 g Kakaopulver
- 5 Eier
- Salz
- 110 g Zucker
- 110 g Marzipanrohmasse

Für die Kirschen
- 500 g Sauerkirschen (aus dem Glas)
- 1 TL Puderzucker
- 180 ml Rotwein
- 70 ml Portwein
- 1 geh. EL Speisestärke
- 3 EL Zucker
- 1 kleiner Splitter Zimtrinde
- 1 Gewürznelke
- 1 Streifen unbehandelte Orangenschale
- 1 TL Honig

Für die Kirschsahne
- 500 g Sahne
- 50 g Puderzucker
- 2 Blatt Gelatine
- 50 ml Kirschwasser

Zubereitung

1 **Für den Schokoladenbiskuit** den Backofen auf 190 °C vorheizen. Die Kuvertüre mit dem Kakaopulver in einem Topf bei milder Hitze schmelzen lassen, dabei nicht über 50 °C erhitzen. Die Eier trennen und die Eiweiße mit 1 Prise Salz zu einem cremigen Schnee schlagen, dabei den Zucker einrieseln lassen. Die Marzipanrohmasse auf der Küchenreibe grob raspeln und mit den Eigelben schaumig rühren.

2 Den Eischnee unter die Marzipan-Eigelb-Masse ziehen und die geschmolzene Schokolade vorsichtig unterrühren. Den Schokoladenbiskuitteig auf ein mit Backpapier ausgelegtes Blech streichen und im Ofen auf der mittleren Schiene etwa 20 Minuten backen.

3 **Für die Kirschen** die Sauerkirschen in ein Sieb abgießen, dabei 250 ml Saft auffangen. Den Puderzucker in einem Topf bei milder Hitze hell karamellisieren. Mit dem Rotwein und dem Portwein ablöschen und auf die Hälfte einköcheln lassen. Die Speisestärke mit etwas Kirschsaft glatt rühren. Den restlichen Kirschsaft, den Zucker, die Gewürze und die Orangenschale hinzufügen und einmal aufkochen lassen. Die glatt gerührte Speisestärke hineinrühren und alles weitere 2 Minuten köcheln lassen.

4 Die Mischung durch ein Sieb in eine Schüssel gießen, die Kirschen in den Sud geben und mit Honig abschmecken. Die Kirschen auf Zimmertemperatur abkühlen lassen (man kann sie etwa 3 Tage aufbewahren).

5 **Für die Kirschsahne** die Sahne mit dem Puderzucker cremig aufschlagen. Die Gelatine in kaltem Wasser einweichen.

6 In einem Topf das Kirschwasser erwärmen. Die Gelatine gut ausdrücken, darin auflösen und auskühlen lassen. Die geschlagene Sahne nach und nach vorsichtig unterrühren. Die Kirschsahne in einen Spritzbeutel mit kleiner Sterntülle füllen.

7 Aus dem Teig mit einem Dessertring (8 cm Durchmesser) 12 Kreise ausstechen. Je 1 Teigkreis als Boden in einen Dessertring legen. Einen 2 cm hohen Sahnering am inneren Rand aufspritzen. Die Mitte mit Kirschen auffüllen und einen zweiten Boden darauflegen. Nochmals einen Sahnering aufspritzen und mit Kirschen füllen. Die Törtchen mit Sahne, Kirschen und nach Belieben mit Schokoladenspänen garnieren. Bis zum Servieren kühl stellen.

DESSERTS, KUCHEN & GEBÄCK

Schokoladen-Eisstollen
mit Krokant und Glühweinkirschen

Zubereitung

1 **Für den Schokoladen-Eisstollen** die Mandelblättchen und die Pistazienkerne mit 150 g Zucker in einer Pfanne bei milder Hitze unter ständigem Rühren einige Minuten karamellisieren. Die Masse auf einem mit Backpapier belegten Blech ausstreichen und abkühlen lassen. Zwei Drittel des Krokants mit den Fingern zerbröckeln. Den Rest mit einem zweiten Blatt Backpapier belegen und mit dem Nudelholz grobkörnig zerkleinern, gut verschlossen aufbewahren.

2 Inzwischen die weiße Kuvertüre klein hacken. Die Milch aufkochen, vom Herd nehmen und die Kuvertüre hineingeben. Kurz stehen lassen, dann beides mit einem Schneebesen zu einer glatten Masse verrühren. Die Gelatine in kaltem Wasser einweichen, ausdrücken und in der warmen Schokoladenmilch auflösen, lauwarm abkühlen lassen.

3 Die Eigelbe und die Eier mit 1 EL Zucker, Stollengewürz und Vanillemark hellschaumig schlagen. Die restlichen 60 bis 70 g Zucker mit 2 EL Wasser zu klarem Sirup köcheln. Kochend heiß unter die Eigelbmasse rühren und alles über dem heißen Wasserbad dickschaumig aufschlagen, dabei 80 °C nicht überschreiten. Aus dem Wasserbad nehmen und im eiskalten Wasserbad kalt rühren.

4 Die Gelatine-Schoko-Milch einrühren und die Creme kalt rühren, bis sie zu binden beginnt. Die Sahne schlagen und mit dem zerbröckelten Krokant unterziehen. Alles mit Orangenlikör abschmecken. Eine Stollenform mit Frischhaltefolie auslegen, die Eismasse hineinfüllen und mehrere Stunden im Tiefkühlfach gefrieren lassen.

5 Die Kuvertüre mit dem Öl im heißen Wasserbad schmelzen. Den Eisstollen aus dem Tiefkühlfach nehmen, den grobkörnig zerkleinerten Krokant gleichmäßig aufstreuen und mit der Handfläche andrücken. Das Parfait mithilfe der Folie aus der Form auf den Krokantboden stürzen, die Folie abziehen und die Oberfläche mit der flüssigen Schokolade bestreichen. Bis zum Servieren in das Tiefkühlfach stellen.

6 **Für die Glühweinkirschen** die Kirschen auf einem Sieb abtropfen lassen. Die Stärke mit wenig Rotwein glatt rühren. Den restlichen Rotwein mit Portwein, Zucker, Anis, Zimtrinde, Gewürznelke, Vanilleschote, Ingwer und Orangenschale aufkochen. Die Stärke in den heißen Sud geben, bis dieser leicht sämig bindet, 2 Minuten köcheln lassen. Die Sauce durch ein Sieb in einen Topf gießen, die Kirschen dazugeben und einmal aufkochen. Vom Herd ziehen und mit Kirschwasser und Honig verfeinern.

7 Den Schokoladen-Eisstollen in Scheiben schneiden, auf Dessertteller setzen und mit Puderzucker bestäuben. Die Glühweinkirschen daneben verteilen.

Zutaten für 10 Personen
Für den Schokoladen-Eisstollen
- 75 g Mandelblättchen
- 75 g Pistazienkerne
- 230 g Zucker
- 150 g weiße Kuvertüre
- 50 ml Milch
- 2 Blatt Gelatine
- 2 Eigelb
- 2 Eier
- 1 geh. TL Stollengewürz (ersatzweise Lebkuchengewürz)
- Mark von 1 Vanilleschote
- 350 g Sahne
- 3 cl Orangenlikör (z.B. Grand Marnier)
- 50 g Vollmilchkuvertüre
- 1–2 EL Öl
- Puderzucker zum Bestäuben

Für die Glühweinkirschen
- 350 g entsteinte Sauerkirschen (aus dem Glas)
- 1–2 TL Speisestärke
- 200 ml Rotwein
- 100 ml roter Portwein
- 40 g Zucker
- 1 ganzer Sternanis
- ½ Zimtrinde
- 1 Gewürznelke
- ½ ausgekratzte Vanilleschote
- 1 Scheibe Ingwer
- 1 Streifen unbehandelte Orangenschale
- 2 cl Kirschwasser
- 1 TL Honig

DESSERTS, KUCHEN & GEBÄCK

Marzipan-Wan-Tans
mit Pflaumensauce

Zutaten für 4 Personen
Für die Pflaumensauce
- 500 g Pflaumen
- 50 g Zucker
- 50 ml Rotwein
- ¼ Zimtrinde
- ½ ausgekratzte Vanilleschote
- 1 Zacken Sternanis
- 2 Scheiben Ingwer
- 1 EL Zitronensaft

Für die Marzipan-Wan-Tans
- 1 EL Mandelblättchen
- 150 g Marzipanrohmasse
- 3–4 EL Milch
- ½ TL Zimtpulver
- 1 EL Mandarinenlikör (ersatzweise Orangenlikör)
- 1 TL abgeriebene unbehandelte Mandarinenschale (ersatzweise Orangenschale)
- 20 Wan-Tan-Blätter (9 x 9 cm)
- 1 Eiweiß
- Salz und Zucker oder Öl zum Frittieren

Für die Reisflocken
- 1–2 EL Öl
- 1 EL grüne Reisflocken (aus dem Asialaden)
- Puderzucker zum Bestäuben

Zubereitung

1 **Für die Pflaumensauce** den Backofen auf 180 °C vorheizen. Die Pflaumen waschen, vierteln und den Stein entfernen. Die Pflaumenviertel in einen Bräter geben und den Zucker darüberstreuen. Den Wein angießen und Zimt, Vanilleschote, Sternanis, Ingwer und Zitronensaft hinzufügen. Alles kurz mischen und die Pflaumen im Ofen auf der mittleren Schiene 15 bis 20 Minuten weich garen.

2 Den Bräter aus dem Ofen nehmen und Zimt, Vanille, Sternanis und Ingwer wieder entfernen. Die Pflaumen samt Schmorflüssigkeit mit dem Stabmixer pürieren und durch ein feines Sieb streichen. Die Sauce abkühlen lassen.

3 **Für die Marzipan-Wan-Tans** die Mandelblättchen in einer Pfanne ohne Fett hell rösten und zerbröseln. Das Marzipan nach und nach mit der Milch mischen und die Mandelblättchen, den Zimt, den Likör und die Mandarinenschale unterrühren.

4 Die Teigblätter nebeneinanderlegen und die Ränder mit Eiweiß bestreichen. Je 1 TL Marzipanfüllung mittig daraufsetzen und in den Teig einrollen. Die Enden bonbonartig eindrehen.

5 Für gekochte Wan-Tans in einem Topf reichlich Wasser aufkochen, etwas Salz und Zucker hineingeben und die Wan-Tans darin 3 bis 4 Minuten köcheln lassen. Für frittierte Wan-Tans reichlich Fett einem großen Topf oder einer Fritteuse auf 160 °C erhitzen. Die Wan-Tans darin 1 bis 2 Minuten frittieren, zwischendurch wenden.

6 **Für die Reisflocken** das Öl in einem kleinen Topf erhitzen und die Reisflocken darin bei mittlerer Hitze unter Rühren etwa 10 Sekunden rösten, bis sie knusprig sind. Herausnehmen, auf Küchenpapier abtropfen lassen und mit Puderzucker bestäuben.

7 Die Pflaumensauce auf tiefe Teller verteilen. Die Marzipan-Wan-Tans mit dem Schaumlöffel aus dem Kochsud oder dem Fett heben, abtropfen lassen und auf der Pflaumensauce anrichten. Mit den knusprigen Reisflocken bestreuen und sofort servieren.

Feine winterliche Dessertsaucen

Süße Saucen veredeln Cremes, Eis, Pfannkuchen und viele Desserts. Ob sie auf Fruchtsäften basieren oder auf sündiger Schokolade oder Sahne – in der Adventszeit ist alles erlaubt. Aromatisiert werden die Saucen natürlich mit den typischen Weihnachtsgewürzen.

Orangensauce

Zutaten für ca. 600 ml
- 1 l Orangensaft (frisch gepresst)
- 90 g Zucker
- ½ Zimtrinde, 1 Zacken Sternanis
- 10 Korianderkörner
- ¼ Vanilleschote
- 3 Scheiben Ingwer
- 4 Streifen unbehandelte Orangenschale
- 2 EL Speisestärke

Zubereitung

1 Etwa 750 ml vom Orangensaft abmessen und mit dem Zucker in einem Topf zum Kochen bringen. Die Saft-Zucker-Mischung 10 bis 15 Minuten auf etwa 400 ml einkochen lassen. 5 Minuten vor Ende der Einkochzeit die Gewürze hineingeben und mitziehen lassen. Kurz vor Ende der Einkochzeit die Orangenschalen hinzufügen.

2 Den restlichen Orangensaft, bis auf einige Esslöffel, zu der Sauce geben. Die Gewürze und die Orangenschalen wieder entfernen.

3 Die Speisestärke mit dem restlichen Orangensaft glatt rühren. In die Sauce geben und diese 1 bis 2 Minuten köcheln lassen. Den Topf vom Herd nehmen, die Sauce durch ein Sieb in eine Schüssel gießen und kühl stellen. Die Orangensauce schmeckt zu Schokoladensoufflé (siehe S. 121), Marzipan-Wan-Tans (siehe S. 126), Milchreis (siehe S. 205) oder geeistem Weihnachtssoufflé (siehe S. 196).

Quittensauce

Zutaten für ca. 700 ml
- Zutaten für ca. 700 ml
- 20 g Pektin (aus der Apotheke)
- 100 g Zucker
- 600 ml Quittensaft
- 3 Splitter Zimtrinde, 1 Zacken Sternanis
- 3 cm Vanilleschote, 2 Scheiben Ingwer
- 3 angedrückte Kardamomkapseln
- je 2 Streifen unbehandelte Orangen- und Zitronenschale

Zubereitung

1 Das Pektin mit dem Zucker vermischen. Den Quittensaft in einem Topf aufkochen. Die ausgewählten Gewürze sowie die Zitrusschalen hinzugeben, die Pektin-Zucker-Mischung unterrühren und die Sauce bei mittlerer Hitze 2 Minuten köcheln lassen.

2 Die Sauce direkt mit Backpapier bedecken und abkühlen lassen. Die Gewürze und die Zitrusschalen aus der abgekühlten Sauce entfernen. Die Quittensauce passt besonders gut zu Eisstollen (siehe S. 125), Lebkuchenmousse (siehe S.173), Milchreis (siehe S. 205) oder Kardamom-Mousse (siehe S. 189).

Tipp: Auf diese Weise lässt sich jeder Fruchtsaft zu einer Sauce verarbeiten. Die Zuckermenge sollten Sie dabei dem Säuregehalt des Saftes anpassen. Wenn Sie zum Binden der Sauce gerade kein Pektin zur Hand haben, können Sie 1 EL Speisestärke nehmen, die Sie vor dem Kochen in wenig kaltem Wasser glatt rühren.

Schokoladensauce

Zutaten für ca. 500 g
- 250 g Zartbitterkuvertüre
- 50 g Honig
- 250 ml Milch
- etwas Zimtpulver
- 1 Msp. Vanillemark

Zubereitung

1 Die Kuvertüre klein hacken und in einer Schüssel mit dem Honig mischen.

2 Die Milch mit Zimt und Vanillemark in einem Topf aufkochen. Die Milchmischung auf die gehackte Kuvertüre gießen und alles zu einer glatten Schokoladensauce verrühren. Sie schmeckt zu Marzipan-Wan-Tans (siehe S. 126) oder geeistem Weihnachtssoufflé (siehe S. 196).

Tipp: Für eine **schnelle warme Schokosauce** in einem kleinen Topf 250 g Sahne aufkochen und mit 250 g klein gehackter Kuvertüre verrühren.

Für **weiße Schokoladensauce** weiße Kuvertüre verwenden. Den Honig weglassen, da weiße Schokolade sehr süß ist. Die Sauce wird noch mit 1 EL gemahlenem Mohn und 2 cl Eierlikör verfeinert.

Für **Nougatsauce** die Hälfte der Kuvertüre durch Nuss-Nougat-Masse ersetzen, als Aroma eignet sich ein guter Haselnuss- oder Mandellikör.

Karamellsauce

Zutaten für 4 Personen
- 80 g Zucker
- 300 g Sahne

Zubereitung

1 Einen Topf bei milder Hitze erwärmen. Den Zucker nach und nach einstreuen und immer sofort schmelzen lassen. Inzwischen 200 g Sahne in einem anderen Topf erwärmen.

2 Den Topf mit dem Karamell vom Herd nehmen und die warme Sahne nach und nach unterrühren, bis sich der Karamell gelöst hat.

3 Die Karamellsauce zugedeckt im Kühlschrank abkühlen lassen. Die restliche Sahne halbsteif schlagen und unter die abgekühlte Karamellsauce rühren. Die Karamellsauce passt gut zu Schokoladensoufflé (siehe S. 121), Pfannkuchen oder Eisbechern.

Tipp: Die Karamellsauce schmeckt auch warm sehr gut. Servieren Sie sie dann gleich nach dem Aufgießen mit der Sahne. Für eine weihnachtliche Note kann die Karamellsauce mit etwas Lebkuchengewürz, Zimt oder Vanille verfeinert werden.

Trüffelkuchen
mit Birnen und Cranberrygelee

Zubereitung

1 Für die Trüffelsahne am Vortag die Kuvertüre klein hacken. Die Sahne aufkochen und vom Herd nehmen. Die Kuvertüre und die Trüffel mit 1 Prise Salz in die heiße Sahne rühren und alles mit dem Stabmixer ½ bis 1 Minute durchrühren. Abkühlen lassen und zugedeckt über Nacht in den Kühlschrank stellen.

2 Am nächsten Tag beide Liköre unter die Schokosahne rühren und mit den Quirlen des Handrührgeräts oder in der Küchenmaschine cremig aufschlagen. (Achtung, sie wird dabei relativ schnell fest!)

3 Für den Kuchenboden den Backofen auf 180 °C vorheizen. Ein tiefes Backblech mit Butter einfetten und mit Mehl bestäuben. Das Marzipan zerkleinern, die Eier trennen. Das Marzipan in einer Rührschüssel mit Eigelben, Vanillezucker und Zimt hellschaumig schlagen. Die Kuvertüre klein hacken und mit Mehl, Haselnüssen und Krokant mischen.

4 Die Eiweiße mit 1 Prise Salz und dem Zucker zu einem cremigen Schnee schlagen, den Zucker dabei nach und nach einrieseln lassen. Eischnee mit Marzipanmasse mischen und die Mehl-Nuss-Mischung mit einem Teigspatel unterheben. Die Kuchenmasse gleichmäßig auf dem Backblech verteilen und im Ofen im unteren Drittel 20 bis 25 Minuten goldbraun backen. Herausnehmen und abkühlen lassen.

5 Für den Belag die Birnen auf einem Sieb abtropfen lassen, den Saft auffangen. Die Birnen jeweils in 6 Spalten schneiden und den abgekühlten Boden damit belegen. Den Birnensaft in einem Topf mit dem Cranberrysaft auf 1 l auffüllen. Den Tortenguss mit Zucker mischen und in den Saft rühren. Das Ganze unter Rühren kurz aufkochen lassen, dann den Guss mit einem Löffel gleichmäßig über den Birnen verteilen. Alles etwa 30 Minuten fest werden lassen.

6 Die Trüffelsahne gleichmäßig auf dem Kuchen verstreichen, dabei kleine Wellen oder Spitzen ziehen. Die weiße Kuvertüre mit dem Sparschäler darüberhobeln. Den Trüffelkuchen kühl stellen und zum Servieren in Stücke schneiden.

Tipp: Anstelle von Zimt können Sie den Kuchenteig auch einmal mit der gleichen Menge Lebkuchengewürz verfeinern.

Zutaten für 1 Blech (ca. 30 Stücke)

Für die Trüffelsahne
- 100 g Zartbitterkuvertüre
- 800 g Sahne
- 100 g dunkle Trüffel (z.B. Rum- oder Nugattrüffel; ersatzweise Nugatschokolade)
- Salz
- je 1 EL Orangenlikör (z.B. Grand Marnier) und Mandellikör (z.B. Amaretto)

Für den Kuchenboden
- 200 g Marzipanrohmasse
- 6 Eier
- 1 TL Vanillezucker
- 1 Msp. Zimtpulver
- 50 g Zartbitterkuvertüre
- 80 g Mehl
- 60 g gemahlene Haselnüsse
- 50 g Krokant (aus Haselnüssen oder Mandeln)
- Salz
- 90 g Zucker

Für den Belag
- 1 große Dose Birnenhälften (450 g Abtropfgewicht)
- ca. 700 ml Cranberrysaft
- 4 Päckchen roter Tortenguss
- 50 g Zucker

Außerdem
- Butter und Mehl für das Blech
- 50 g weiße Kuvertüre

Zimtroulade mit Kirschkompott

Zutaten für 1 Roulade (8–10 Scheiben)

Für den Biskuit
- 3 Eier
- 1 EL Vanillezucker
- 1 TL abgeriebene unbehandelte Zitronenschale
- Salz
- 60 g Zucker
- 60 g Mehl
- 2 geh. EL Zimtpulver
- 60 g Mandelblättchen

Für das Kirschkompott
- 200 g Sauerkirschen (aus dem Glas)
- 2 Blatt Gelatine
- 2 EL Zucker
- 100 ml Rotwein
- 2 EL roter Portwein
- ½ Zimtrinde
- 1 Gewürznelke
- ¼ Vanilleschote
- 1 Zacken Sternanis
- 1 Streifen unbehandelte Orangenschale

Für die Füllung
- 2 Blatt Gelatine
- 400 g Sahne
- 2 EL Vanillezucker
- 30 g Zartbitterkuvertüre

Zubereitung

1 **Für den Biskuit** den Backofen auf 200 °C vorheizen. Ein Backblech mit Backpapier auslegen. Die Eier trennen. Die Eigelbe mit dem Vanillezucker und der Zitronenschale in einer Schüssel schaumig schlagen. Die Eiweiße mit 1 Prise Salz zu einem cremigen Schnee schlagen, dabei nach und nach den Zucker einrieseln lassen. Den Eischnee auf die Eigelbmasse geben. Das Mehl mit dem Zimt mischen, darübersieben und alles locker unterheben. Die Biskuitmasse auf dem Blech verteilen, glatt streichen und mit den Mandelblättchen bestreuen. Den Biskuit im Ofen auf der mittleren Schiene 12 bis 15 Minuten backen. Herausnehmen, mit dem Papier vom Blech ziehen und auskühlen lassen.

2 **Für das Kirschkompott** die Kirschen in ein Sieb abgießen und abtropfen lassen, dabei den Saft auffangen. Die Gelatine in kaltem Wasser einweichen. Den Zucker in einem Topf goldbraun karamellisieren und mit dem Rot- und dem Portwein ablöschen. Die Gewürze und die Orangenschale hinzufügen und den Sud auf die Hälfte einköcheln lassen.

3 Den Topf vom Herd nehmen, die Gelatine ausdrücken und im Weinsud auflösen. 125 ml Kirschsaft abmessen und dazugeben. Den Kirschsud durch ein Sieb in eine Schüssel gießen, die Kirschen hinzufügen und das Ganze abkühlen lassen. Das Kompott etwa 1 Stunde kühl stellen, bis es fest geworden ist.

4 **Für die Füllung** die Gelatine in kaltem Wasser einweichen. Die Sahne steif schlagen und kühl stellen. Den Vanillezucker in einen kleinen Topf geben. Die Gelatine tropfnass dazugeben und beides bei milder Hitze unter Rühren erwärmen, bis sich die Gelatine aufgelöst hat. Den Topf vom Herd nehmen, 2 bis 3 EL geschlagene Sahne mit der warmen Gelatine verrühren und unter die restliche Sahne ziehen.

5 Den Biskuit auf einen großen Bogen Backpapier stürzen und das angebackene Backpapier abziehen. Die Vanillesahne gleichmäßig auf dem Biskuit verstreichen und die Kuvertüre auf der Zestenreibe fein darüberreiben. Das Kirschkompott auf dem unteren Drittel der schmalen Seite verteilen, die Roulade von dieser Seite her aufrollen und mit der Naht nach unten auf eine Servierplatte legen. Die Zimtroulade vor dem Servieren 1 bis 2 Stunden kühl stellen.

Christstollen mit Marzipan

Zubereitung

1 **Für die Früchtemischung** am Vortag Mandeln, Korinthen, Rosinen, Zitronat, Orangeat, Rum, Bittermandelaroma, Vanillemark, abgeriebene Zitronen- und Orangenschale in einer Schüssel vermischen und mit Frischhaltefolie bedeckt bei Zimmertemperatur ziehen lassen.

2 **Für den Teig** am nächsten Tag die Milch lauwarm erwärmen. Die Hefe mit den Fingern zerbröckeln und in der Milch auflösen. Die Hefemilch mit dem Honig und 200 g Mehl (Type 405) zu einem zähen Teig vermischen. Zugedeckt an einem warmen Ort etwa 15 Minuten gehen lassen.

3 Das restliche Mehl, Eier, Eigelbe und 100 g Butter zum Vorteig geben und mit den Knethaken des Handrührgeräts oder der Küchenmaschine verkneten. Die restliche Butter nach und nach unter den Teig kneten. Den Hefeteig kneten, bis er geschmeidig ist und Blasen wirft. Den Teig mit Mehl bestäuben und mit Frischhaltefolie abdecken. Bei Zimmertemperatur etwa 1 Stunde gehen lassen, bis sich sein Volumen verdoppelt hat. Die eingeweichten Früchte, Mandeln und das Salz kurz unterkneten.

4 Zwei Stollenformen mit Butter einfetten und mit Mehl ausstäuben. Den Backofen auf 220 °C vorheizen. Den Teig zu zwei dicken ovalen Fladen formen.

5 **Für die Füllung** das Marzipan mit dem Puderzucker verkneten, zu zwei Rollen in der Länge der Teigfladen formen und mittig auf die Teigfladen legen. Den Teig jeweils über dem Marzipan einschlagen und einrollen. Den gefüllten Stollenteig jeweils mit der Naht nach oben in die Form legen. Die Formen auf ein mit Backpapier belegtes Backblech stürzen und die Stollen weitere 15 Minuten gehen lassen.

6 Das Blech mit den Stollen auf die mittlere Schiene in den Ofen geben, die Temperatur auf 175 °C herunterschalten und die Stollen 50 bis 60 Minuten backen. Herausnehmen, die Stollenformen abnehmen, die Christstollen leicht abkühlen lassen und noch warm rundum mit Butterschmalz bestreichen. Mit Vanillezucker bestreuen und vollständig abkühlen lassen. In Wachstücher oder Alufolie wickeln und im Kühlschrank mindestens 1 Woche durchziehen lassen.

Zutaten für 2 Stollen (à ca. 1,3 kg)

Für die Früchtemischung
- 100 g Mandeln (gehackt und geröstet)
- 250 g Korinthen
- 250 g Rosinen
- 50 g Zitronatwürfel (fein gehackt)
- 100 g Orangeatwürfel (fein gehackt)
- 120 ml Rum
- 2 Tropfen Bittermandelaroma
- Mark von 1 Vanilleschote
- abgeriebene Schale von je ½ unbehandelten Zitrone und Orange

Für den Teig
- 150 ml Milch
- 90 g frische Hefe
- 80 g Honig
- 520 g Mehl (Type 405)
- 300 g Mehl (Type 550)
- 2 Eier
- 2 Eigelb
- 400 g weiche Butter
- Mehl zum Bestäuben
- 6 g Salz

Für die Füllung
- 200 g Marzipanrohmasse
- 30 g Puderzucker

Außerdem
- Butter und Mehl für die Formen
- 250 g flüssiges Butterschmalz
- 300 g Vanillezucker

Pfefferkuchen

Zutaten für ca. 45 Stück
Für die Pfefferkuchen
- ½ TL Hirschhornsalz
- 3 TL Rum
- 30 g Zitronatwürfel
- 40 g Orangeatwürfel
- 200 g gemahlene Mandeln
- 50 g gemahlene Haselnüsse
- 40 g Mehl
- Salz
- 1 TL Lebkuchengewürz
- Pfeffer aus der Mühle
- Chilipulver
- 4 Eiweiß
- 190 g Zucker
- 130 g Marzipanrohmasse
- 45–50 Oblaten
  (à ca. 5 cm Durchmesser)

Für die Zuckerglasur
- 1 Eiweiß
- 100 g Puderzucker
- 1 EL Zitronensaft
- ca. 20 Pistazienkerne
- 5 Belegkirschen

Für die weiße Schokoglasur
- 100 g weiße Kuvertüre
- 20 g Kakaobutter
- 1 EL gefriergetrocknete Brom- oder Himbeeren
- 1 EL kleine silberne Zuckerperlen

Für die dunkle Schokoglasur
- 100 g Zartbitterkuvertüre
- 20 g Kakaobutter
- 40 g kandierter Ingwer
- Schalenstreifen von 1 unbehandelten Orange
- 1 EL Zucker

1 Für die Pfefferkuchen am Vortag das Hirschhornsalz mit 2 TL Rum in einer kleinen Schüssel verrühren. Zitronat und Orangeat mit dem restlichen Rum mischen und sehr fein hacken. Dann mit Mandeln und Haselnüssen, Mehl, 1 Prise Salz und Gewürzen mischen. Die Eiweiße mit 60 g Zucker cremig schlagen, nach und nach den restlichen Zucker einrieseln lassen und alles zu einem festen Schnee weiterschlagen.

2 Das Marzipan in einer Rührschüssel zerpflücken und mit etwas Eischnee glatt rühren. Das aufgelöste Hirschhornsalz unterrühren und die Nussmischung abwechselnd mit dem Eischnee unter die Marzipanmasse heben.

3 Zwei Backbleche mit Backpapier belegen. Jeweils 15 bis 20 g (ca. 1 geh. TL) Pfefferkuchenmasse kuppelförmig auf jede Oblate streichen. Die Pfefferkuchen nebeneinander auf die Bleche setzen und an einem trockenen Ort 12 Stunden, am besten über Nacht, ruhen lassen.

4 Am nächsten Tag den Backofen auf 165 °C vorheizen. Die Pfefferkuchen im Ofen auf der mittleren Schiene etwa 10 Minuten backen. Herausnehmen, für die Zuckerglasur lauwarm abkühlen lassen, für die Schokoladenglasuren vollständig abkühlen lassen.

5 Für die Zuckerglasur das Eiweiß mit dem gesiebten Puderzucker und dem Zitronensaft glatt verrühren. Etwa 15 lauwarme Pfefferkuchen damit bestreichen. Die Pistazienkerne vorsichtig längs halbieren und die Belegkirschen in Spalten schneiden. Beides sternförmig auf die feuchte Zuckerglasur setzen.

6 Für die weiße Schokoladenglasur die weiße Kuvertüre hacken und mit der Kakaobutter über dem heißen Wasserbad schmelzen lassen. Etwa 15 abgekühlte Pfefferkuchen damit bestreichen und mit den Beeren und Zuckerperlen bestreuen.

7 Für die dunkle Schokoladenglasur die Zartbitterkuvertüre hacken und mit der Kakaobutter über dem heißen Wasserbad schmelzen lassen. Den kandierten Ingwer in dünne Scheiben schneiden. Die Orangenschalen in feine Streifen schneiden und im Zucker wenden. Etwa 15 abgekühlte Pfefferkuchen mit der Schokoladenglasur bestreichen und mit Ingwer und Orangenschale garnieren.

DESSERTS, KUCHEN & GEBÄCK

Gewürzkipferl

Zubereitung

1 Für den Teig den Zucker mit dem Gewürz mischen. Die weiche Butter mit Puderzucker, 1 EL Gewürzzucker und 1 Prise Salz in einer Rührschüssel mit den Quirlen des Handrührgeräts zu einer glatten Masse verarbeiten. Das Ei dazugeben und unterrühren, dabei nicht schaumig schlagen. Das Mehl daraufsieben, die Mandeln darüberstreuen und alles mit den Fingern bröselig verreiben. Dann rasch zu einem glatten Mürbeteig kneten. Den Teig zu 3 Rollen (à ca. 2,5 cm Durchmesser) formen und mit Frischhaltefolie abgedeckt im Kühlschrank etwa 30 Minuten ruhen lassen.

2 Den Backofen auf 175 °C vorheizen. Zwei Backbleche mit Backpapier belegen. Die Rollen in 5 bis 7 mm dünne Scheiben schneiden und mit den Händen kleine Kipferl daraus formen. Die Kipferl nebeneinander auf die Bleche setzen. Im Ofen im unteren Drittel nacheinander 12 bis 15 Minuten hell backen. Den Zucker zum Wenden auf einem Teller mit 2 EL Gewürzzucker mischen. Die Kipferl aus dem Ofen nehmen, noch warm im Gewürzzucker wenden und auf einem Kuchengitter abkühlen lassen. In gut verschließbaren Keksdosen kühl aufbewahren.

Zutaten für ca. 60 Stück
Für den Teig
- 3 geh. EL Zucker
- 2 TL Lebkuchen- oder Plätzchengewürzmischung
- 250 g weiche Butter
- 80 g Puderzucker
- Salz
- 1 Ei (Größe M)
- 300 g Mehl
- 150 g gemahlene geschälte Mandeln

Außerdem
- 50 g Zucker zum Wenden

Zimt-Ingwer-Sterne

Zubereitung

1 Für den Teig am Vortag das Marzipan zerpflücken und mit 2 Eiweißen glatt rühren. Den Ingwer mit dem Rum mischen und klein hacken. Mit Marzipanmasse, Mandeln, Nüssen, Zimt, Puderzucker, Zitronen- und Orangenschale und den restlichen 2 Eiweißen mischen. Die Masse über Nacht abgedeckt im Kühlschrank ruhen lassen.

2 Am nächsten Tag den Backofen auf 170 °C vorheizen. Zwei Backbleche mit Backpapier belegen. Den Teig auf der mit Mandeln bestreuten Arbeitsfläche etwa 1 cm dick mit dem leicht bemehlten Nudelholz ausrollen. Die Eiweiße mit dem Puderzucker dickschaumig aufschlagen und die Teigplatte dünn damit bestreichen.

3 Anschließend mit einem Stern-Ausstecher etwa 50 Sterne (à ca. 5 cm Durchmesser) ausstechen und nebeneinander auf die Bleche setzen (dabei den Ausstecher zwischendurch in Wasser tauchen). Die Zimtsterne im Ofen auf der mittleren Schiene nacheinander 12 bis 15 Minuten hell backen.

4 Aus dem Ofen nehmen und auf einem Kuchengitter vollständig abkühlen lassen. Anschließend in gut verschließbaren Keksdosen bei kühler Zimmertemperatur aufbewahren.

Zutaten für ca. 50 Stück
Für den Teig
- 150 g Marzipanrohmasse
- 4 Eiweiß
- 50 g kandierter Ingwer
- 1 Spritzer brauner Rum
- 150 g gemahlene Mandeln
- 100 g gemahlene Haselnüsse
- 1 EL Zimtpulver
- 400 g Puderzucker
- abgeriebene Schale von je 1 unbehandelten Zitrone und Orange

Außerdem
- gemahlene Mandeln und Mehl zum Arbeiten
- 2 Eiweiß, 260 g Puderzucker

DESSERTS, KUCHEN & GEBÄCK

Krokantplätzchen

Zutaten für ca. 80 Stück
- 220 g weiche Butter
- 220 g Puderzucker
- Salz
- 1 TL Vanillezucker
- 1 Ei (zimmerwarm)
- 300 g Mehl
- 80 g Haselnusskrokant
- 100 g Himbeerkonfitüre
- Puderzucker zum Bestäuben

Zubereitung

1 Die Butter mit Puderzucker, 1 Prise Salz und Vanillezucker schaumig schlagen. Das Ei hinzufügen und weiterrühren, bis eine hellschaumige Masse entstanden ist. Das Mehl darübersieben und mit dem Krokant unterrühren.

2 Den Backofen auf 175 °C vorheizen. Die Masse in einen Spritzbeutel mit Lochtülle füllen und auf zwei mit Backpapier belegte Bleche kleine Halbkugeln spritzen. Die Halbkugeln im vorgeheizten Ofen nacheinander etwa 12 Minuten hell backen.

3 Die Konfitüre durch ein Sieb in einen kleinen Topf streichen, die Kerne aus dem Sieb entfernen. Die Konfitüre bei milder Hitze ein paar Minuten leicht köcheln lassen. Die Plätzchen aus dem Ofen nehmen und je 2 Plätzchen an den flachen Seiten mit Himbeerkonfitüre zusammensetzen. Mit Puderzucker bestäuben.

Tipp: Haselnusskrokant lässt sich ganz leicht selbst herstellen: Dazu 70 g Haselnussblättchen ohne Fett in einer Pfanne bei milder Hitze hell rösten und aus der Pfanne nehmen. 100 g Zucker bei milder Hitze in der Pfanne hell karamellisieren, die Haselnussblättchen rasch hineinrühren. Das Ganze auf ein Blatt Backpapier geben, das auf einem Nudelbrett liegt, mit einem zweiten Blatt Backpapier belegen und mit einem Nudelholz sehr dünn ausrollen. Auskühlen lassen und mittelfein zerstoßen.

Weihnachtsbaumstamm

Zubereitung

1 **Für die Creme** die Sahne mit dem Lebkuchengewürz aufkochen und die gehackte Kuvertüre hineinrühren. Im Kühlschrank gut kühlen lassen, am besten über Nacht. Die Schokoladensahne cremig aufschlagen. Den Krokant hineinrühren und die Creme zugedeckt kalt stellen.

2 Den Ofen auf 200 °C vorheizen.

3 **Für den Teig** die Eigelbe mit der Hälfte des Zuckers, dem Vanillemark und der Zitronenschale zu einer schaumigen Masse schlagen. Die Eiweiße mit dem übrigen Zucker und 1 Prise Salz zu einem festen Schnee schlagen. Das Mehl sieben und abwechselnd mit dem Eiweiß unter die Eigelbmasse heben.

4 Die Biskuitmasse auf einem mit Backpapier belegten Blech verstreichen und im Ofen 7 bis 8 Minuten hell backen.

5 Die Teigplatte auf ein Küchentuch stürzen und das Backpapier vorsichtig entfernen (falls es sich nicht abziehen lässt, kurz ein feuchtes Küchentuch darauflegen). Den Biskuit mit dem unteren Küchentuch von der Längsseite einrollen und abkühlen lassen.

6 Wenn die Biskuitroulade abgekühlt ist, wieder vorsichtig öffnen und mit Himbeergeist beträufeln. Mit der Preiselbeerkonfitüre bestreichen und die Hälfte der Schokoladencreme darüber verteilen. Die Roulade aufrollen und auf eine Kuchenplatte setzen.

7 Die übrige Creme in einen Spritzbeutel mit Lochtülle füllen und auf die gesamte Oberfläche der Länge nach Streifen spritzen. Die Schokospäne darüberstreuen und mit Puderzucker bestäuben.

Tipp: Der Weihnachtsbaumstamm wird hier mit der leichteren Version einer Schokosahne anstatt einer üppigen Buttercreme zubereitet. Den Kuchen am besten kühl stellen und 30 Minuten vor dem Servieren aus dem Kühlschrank nehmen.

Zutaten für 1 Weihnachtsbaumstamm (ca. 10 Scheiben)

Für die Creme
- 600 g Sahne
- 1 TL Lebkuchengewürz
- 150 g dunkle Kuvertüre (gehackt)
- 150 g Haselnusskrokant

Für den Teig
- 5 Eigelb
- 70 g Zucker
- 1 Msp. Vanillemark
- 1 Msp. abgeriebene unbehandelte Zitronenschale
- 5 Eiweiß
- Salz
- 80 g Mehl

Außerdem
- 4 cl Himbeergeist
- 100 g Preiselbeerkonfitüre
- 80 g Schokospäne
- Puderzucker zum Bestäuben

Getränke

GETRÄNKE

Rumtopf

Zutaten für ca. 1 l (8 Portionen)
- 1 Pfirsich
- 100 g Kirschen
- 3 Pflaumen
- 70 g kleine Erdbeeren
- 50 g Heidelbeeren
- 70 g Brombeeren
- 150 g brauner Zucker
- 400 ml Rum (40 oder 54 Vol.-%)

Zubereitung

1 Den Pfirsich waschen, halbieren, entsteinen und in dünne Spalten schneiden. Die Kirschen waschen, halbieren und entsteinen. Die Pflaumen waschen, halbieren, entsteinen und in dünne Spalten schneiden. Die Erdbeeren waschen und putzen. Die Heidel- und Brombeeren verlesen, waschen und gut abtropfen lassen.

2 Alle Früchte in einer Schüssel mit dem Zucker und dem Rum vermischen und in ein großes Glas mit Schraubverschluss füllen. Die Früchte gut verschlossen 1 Tag im Kühlschrank ziehen lassen. Den Rumtopf herausnehmen, einmal durchrühren und nochmals 1 Woche im Kühlschrank ziehen lassen. Nach dem Anbruch hält sich der Rumtopf im Kühlschrank noch einige Wochen. Den Rumtopf zum Aufbewahren mit Küchenpapier bedecken, dabei sollte das Papier direkt auf dem Rumtopf liegen und die Früchte sollten immer mit Flüssigkeit bedeckt sein.

Schneller Eggnog

Zutaten für 1 l (8 Portionen)
- 300 ml Milch
- 125 g Sahne
- 600 ml Eierlikör
- 1 Msp. Vanillepulver
- Zimtpulver
- Salz

Zubereitung

1 Die Milch mit Sahne, Eierlikör, Vanillepulver und je 1 Prise Zimtpulver und Salz in einer Schüssel verrühren.

2 Den Eggnog in Gläser füllen und mit Zimtpulver bestäuben.

Tipp: Eggnog wird heute meist kalt getrunken. So kann er auch sehr gut vorbereitet werden. Wer ihn lieber warm genießen möchte, kann ihn auf diese Weise zubereiten: Die Milch mit Eierlikör, Vanillepulver, Zimtpulver und Salz in einem Topf verrühren und bei milder Hitze unter ständigem Rühren sanft erhitzen, bis die Flüssigkeit (ab 50 °C) anfängt, sämiger zu werden, aber noch nicht ausflockt. Das Ganze auf 60 bis 70 °C erhitzen, dann sofort vom Herd nehmen. Die Sahne unterrühren, den Eggnog in hitzebeständige Gläser füllen, mit Zimt bestäuben und sofort servieren.

GETRÄNKE

Gewürzsirup

Zutaten für ca. 300 ml
- 300 g brauner Zucker
- 50 g Bengalischer Chai (aus dem Teeladen; ersatzweise Gewürztee mit Zimt, Süßholz, Ingwer und Kardamom) oder Yogitee

Zubereitung

1 Den braunen Zucker und 400 ml Wasser in einen Topf geben, aufkochen und 10 Minuten etwas einköcheln lassen. Nach 5 Minuten den Bengalischen Chai dazugeben.

2 Eine kleine Flasche (etwa 300 ml Inhalt) mit kochend heißem Wasser sterilisieren. Den Sirup durch ein Sieb gießen, in die Flasche füllen, diese gut verschließen und den Sirup bei Zimmertemperatur aufbewahren (er hält sich etwa 6 Monate).

3 Zum Servieren kalte oder warme Milch (ersatzweise einen Pflanzendrink nach Wahl) auf Gläser verteilen und mit dem Gewürzsirup verfeinern. Je 100 ml Milch ca. 1 EL Sirup. Er eignet sich zum Süßen von schwarzem Tee oder Kaffee, wenn man diese Gewürze mag. Sehr gut macht er sich auch mit Wasser oder Mineralwasser gemischt als Erfrischungsgetränk. Der Sirup kann auch zum Beträufeln von Pfannkuchen verwendet werden.

Kinderpunsch

Zubereitung

1 Für den Früchtetee 1 l Wasser in einem Topf aufkochen, die Teebeutel hineingeben und den Tee nach Packungsanweisung ziehen lassen.

2 Den Apfel und die Birne waschen, die Kerngehäuse entfernen und das Fruchtfleisch klein schneiden. Limette und Orange heiß waschen, abtrocknen und ebenfalls klein schneiden. Alle Fruchtstücke in einen Krug füllen, den Zimt und die ausgekratzte Vanilleschote hinzufügen.

3 Die Teebeutel entfernen und den Früchtetee mit Honig oder Zucker süßen. Den Apfelsaft erhitzen, mit dem heißen Tee verrühren und in den Krug füllen. Den Kinderpunsch einige Minuten ziehen lassen, Zimt und Vanilleschote entfernen und den Punsch in Tassen oder Punschgläsern servieren.

Zutaten für ca. 1,5 l (6–8 Portionen)

- 5 Früchtetee-Teebeutel
- je ½ Apfel und Birne
- je ½ unbehandelte Limette und Orange
- 1 Zimtrinde
- 1 ausgekratzte Vanilleschote
- 2–3 EL Honig oder Zucker
- 250 ml Apfelsaft

Ingwerpunsch

Zubereitung

1 Den Zucker mit 1,5 l Wasser in einem Topf aufkochen lassen.

2 Alle übrigen Zutaten hinzufügen, den Topf vom Herd nehmen und die Mischung 20 Minuten ziehen lassen. Den Punsch durch ein feines Sieb gießen.

Zutaten für ca. 1,4 l (6–8 Portionen)

- 20 g Zucker
- 25 g getrockneter Ingwer
- Streifen von ½ unbehandelten Orangenschale
- 125 ml Orangensaft
- 3 Streifen unbehandelte Zitronenschale
- 1 EL Zitronensaft
- ¼ aufgeschlitzte Vanilleschote
- 1–2 Splitter Zimtrinde
- 2 grüne Kardamomkapseln, angedrückt
- 1 Gewürznelke

Glühwein

**Zutaten für ca. 1,3 l
(6 Portionen)**
- 1,2 l Rotwein
- 175 ml roter Portwein
- 75 g Zucker
- 4 Scheiben Ingwer
- 1 Zimtrinde
- ½ ausgekratzte Vanilleschote
- 5 grüne Kardamomkapseln
- 1 Gewürznelke
- 1 getr. Chilischote
- je 2 Streifen unbehandelte Orangen- und Zitronenschale
- 1 TL Hibiskustee
- 2 Scheiben Apfel

Zubereitung

1 Den Rotwein mit Portwein und Zucker in einem Topf erhitzen. Die Gewürze, die Zitrusschalen, den Tee und die Apfelscheiben dazugeben und die Mischung höchstens 10 Minuten ziehen lassen.

2 Den Glühwein durch ein feines Sieb gießen und nach Bedarf mit etwas Zucker nachsüßen.

Tipp: Der Glühwein soll nicht kochen, sondern nur ziehen, damit die Frische der Gewürze erhalten bleibt und der Alkohol nicht verkocht.

Weißer Kürbisglühwein mit Ananas

**Zutaten für ca. 1,5 l
(8 Portionen)**
- 250 g Muskatkürbis
- 1,2 l Weißwein
- 70 g Zucker
- ¼ Ananas (ersatzweise 150 g aus der Dose)
- ½ Zimtrinde
- ½ TL Pimentkörner
- 2 Kardamomkapseln
- ½ Sternanis
- ½ aufgeschlitzte Vanilleschote
- 1 mittelscharfe Chilischote, aufgeschlitzt, Kerne und Samtstränge entfernt
- 2 Scheiben Ingwer
- 1 Stamperl Rum

Zubereitung

1 Den Kürbis schälen und in 0,5 bis 1 cm große Würfel schneiden. Mit dem Weißwein und dem Zucker in einem Topf 30 bis 40 Minuten knapp unter dem Siedepunkt weich ziehen lassen.

2 Währenddessen die Ananas schälen, entstrunken und in gleich große Würfel schneiden. Zimt, Piment, Kardamom und Sternanis in einen Einwegteebeutel füllen und verschließen.

3 Ananaswürfel, Gewürzsackerl, Vanille, Chilischote und Ingwer 10 Minuten vor Garzeitende hineingeben. Jetzt auf keinen Fall mehr kochen, sondern nur noch ziehen lassen und kurz vor dem Servieren den Rum hinzufügen. Den Gewürzbeutel und die anderen Gewürze entfernen und den Glühwein heiß in Gläser füllen.

Tipp: Ein feines Extra im Glühwein sind Rumrosinen. In jedes Glas 1 EL Rumrosinen geben und einen Löffel dazulegen.

GETRÄNKE

Heiße Schokolade

Zubereitung

1 Die Milch mit dem Zucker in einem Topf aufkochen und vom Herd nehmen. Beide Schokoladensorten grob hacken, in die Milch geben und so lange verrühren, bis sie vollständig geschmolzen sind. Nach Belieben kurz mit einem Stabmixer verrühren. Die Sahne halbsteif schlagen.

2 Zum Servieren die heiße Schokolade in Tassen oder Punschgläser füllen und die Sahne darauf verteilen. Jeweils mit etwas Kakaopulver bestäuben und etwas Zimt darüberreiben.

Tipp: Wer eine alkoholische heiße Schokolade probieren will, kann nach dem Einrühren der Schokolade alles noch mit 1 Schuss Rum, Whiskey, Amaretto, Baileys oder einem Schnaps nach Wahl verfeinern.

Zutaten für 4 Portionen
- 800 ml Milch
- 40 g Zucker
- 150 g Zartbitterschokolade (mind. 70 % Kakaoanteil)
- 50 g Vollmilchschokolade
- 125 g Sahne
- Kakaopulver zum Bestäuben
- 1 Zimtrinde zum Reiben

Gerührter Eiskaffee
mit Kardamom

Zubereitung

1 Einen hohen Rührbecher und die Eiskaffeegläser etwa 30 Minuten vor dem Servieren in das Tiefkühlfach stellen.

2 Vanilleeis, Kaffeeeis, etwas Kardamom aus der Mühle, Ristretto und Schlagsahne in den gekühlten Rührbecher füllen und mit dem Stabmixer zügig zu einem cremigen Eiskaffee pürieren.

3 Den Eiskaffee in die gekühlten Gläser füllen, 1 Klecks Schlagsahne daraufsetzen und mit etwas Kardamom aus der Mühle garnieren. Den Eiskaffee mit einem Limonadenlöffel und Glasstrohhalm oder Papierstrohhalm servieren.

Tipp: Ristretto heißt übersetzt „eingedampft" und bezeichnet einen Espresso, der nur mit der halben Menge Wasser zubereitet wird und deshalb extrem stark ist. Alternativ können Sie auch 1 Espresso mit ½ TL Instant-Kaffeepulver verrühren.

Zutaten für 2 Portionen
- 4 Kugeln Vanilleeis
- 2 Kugeln Kaffeeeis
- Kardamom aus der Mühle
- 2 abgekühlte Ristretto-Kaffees (Espresso aus der halben Wassermenge; siehe Tipp)
- 6 EL cremig geschlagene Sahne und etwas geschlagene Sahne zum Garnieren

Feuerzangenbowle

Für ca. 1 l (4 Portionen)
Für die Bowle
- 1 Flasche Rotwein (750 ml)
- 50 g Zucker
- Saft von 1 Orange
- 1 Streifen unbehandelte Orangenschale
- 5 Scheiben Ingwer
- 1 Zimtrinde
- 2 Gewürznelken
- 1 aufgeschlitzte Vanilleschote
- 250 ml kräftiger Schwarztee
- 2 cl Orangenlikör (z.B. Grand Marnier)
- 2 cl Mandellikör (z.B. Amaretto)

Zum Flambieren
- 1 Zuckerhut
- 4 EL brauner Rum (54 Vol.-%)
- 4 EL brauner Rum (80 Vol.-%)

Zubereitung

1 Für die Bowle den Wein mit Zucker, Orangensaft, Orangenschale, Ingwer, Zimt, Nelken und Vanilleschote in einem Topf erhitzen. Den Tee und beide Liköre hinzufügen und noch einige Minuten ziehen lassen. Dann die ganzen Gewürze wieder entfernen.

2 Zum Flambieren die Bowle in das vorgesehene feuerfeste Gefäß (auf einem Stövchen) gießen, die Feuerzange auflegen und den Zuckerhut daraufsetzen. Beide Rumsorten mischen, den Zuckerhut zuerst nur mit der Hälfte der Rummischung beträufeln und mit einem Streichholz vorsichtig anzünden.

3 Anschließend nach und nach die übrige Rummischung vorsichtig über den Zuckerhut träufeln. (Achtung: Wird bei großen Zuckerhüten Rum nachgegossen, nie direkt aus der Flasche gießen, sondern am besten immer mit einer Kelle gießen!)

4 Sobald die Rummischung vollständig aufgebraucht und der Zuckerhut weitgehend geschmolzen ist, die Bowle verrühren und möglichst heiß in hitzebeständigen Gläsern servieren.

Weihnachts-menüs

Meine Tipps für das klassische Menü

Das schönste Geschenk zu Weihnachten: feiern ohne Stress. Einkaufen, zusammen kochen, Tisch decken und dekorieren geht auch ganz gemütlich und in aller Ruhe. Und damit das klappt, habe ich hier für Sie ein paar praktische Vorschläge und Tipps – von der Einkaufsliste bis zur Dekoidee.

Einkaufsliste fürs klassische Menü

Beim Metzger vorbestellen:
- 800 g Suppenfleisch (z.B. Tafelspitz oder Rinderbrust)
- 150 g Kalbsbrät
- 1 küchenfertige Gans (ca. 4 kg)

Frische Zutaten
- 7 Zwiebeln mit brauner Schale
- 1 Knollensellerie
- 2 Karotten
- 1 Stange Lauch
- 1 Petersilienwurzel
- 1 Tomate
- 1 Ingwerknolle
- 1 Knoblauchknolle
- 2 Blätter Liebstöckel
- 2-3 Stängel Petersilie
- Schnittlauch
- 1 Apfel
- 1 Zitrone

Milchprodukte & Eier
- 2 Eier
- 50 g Butter
- ca. 155 g Sahne
- 125 ml Milch

Haltbare/trockene/fertige Zutaten
- 2,5 l Hühnerbrühe
- ca. 150 g Maronenpüree (oder Maronenaufstrich/Maronencreme)
- brauner Zucker
- weißer Zucker
- Puderzucker
- 30 g Zartbitterkuvertüre
- Speisestärke
- Tomatenmark
- 250 ml Rotwein

Gewürze
- gemahlene Kurkuma
- Lorbeerblätter
- getrockneter Majoran
- Muskatnuss
- Pimentkörner
- Salz, Pfeffer aus der Mühle
- schwarze Pfefferkörner
- Wacholderbeeren
- Vanillezucker
- Zimtpulver
- Zimtrinde

Zeitplan fürs Menü – So klappt es reibungslos:

2 bis 3 Tage vorher
- Haltbare, trockene, fertige Zutaten sowie Getränke einkaufen.
- Fleisch beim Metzger vorbestellen.

Am Vortag
- Frische Zutaten kaufen; Vorbestelltes abholen.
- Rinderbrühe (bis auf die Gemüseeinlage) zubereiten, abdecken und kalt stellen.
- Beilagen wie z.B. Blaukraut lassen sich auch schon einen Tag vorher zubereiten.
- Crème brûlée garen, abdecken und in den Kühlschrank stellen (noch nicht zuckern).

4 bis 5 Stunden vor dem Essen
- Gans zubereiten.
- Getränke kühlen.
- Tisch decken und dekorieren.

2 Stunden vor dem Essen
- Vorbereitete Zutaten (Rinderbrühe, Beilagen, z.B. Blaukraut) aus dem Kühlschrank nehmen (die Crème brûlée bleibt bis kurz vorm Servieren im Kühlschrank).
- Brätnockerl zubereiten und warm halten.

1 Stunde vor dem Essen
- Rinderbrühe langsam erhitzen (sie darf nicht kochen, sondern soll nur heiß werden).
- Gemüseeinlage für die Rinderbrühe vorbereiten (siehe Rezept) und in die Suppe geben.
- Blaukraut erhitzen und abschmecken.
- Sauce für die Gans fertigstellen.

Kurz vorm Servieren
- Crème brûlée zum Karamellisieren zuckern und abflämmen.

Festlich angerichtet – Tipps fürs Servieren der Speisen

Rinderbrühe mit Brätnockerl:
- Suppenteller im Ofen bei 50 °C vorwärmen.
- Kurz vorm Servieren der Suppe etwas Muskatnuss in die Teller reiben.

Gänsebraten:
- Teller im Ofen bei 50 °C vorwärmen.
- Gans tranchieren und das Fleisch portionsweise auf die Teller legen, restliches Fleisch bei 80 °C im Ofen warm halten (es möchte sicher noch jemand eine zweite Portion!)

Crème brûlée:
- Dessertteller bereithalten und die Cremeförmchen darauf servieren. Falls Sie frische Minze haben: Eine Blattspitze davon macht sich gut auf der Crème.

Mein Dekotipp
Fürs klassische Menü darf's gern traditionell sein: mit Tannenzweigen und -zapfen, roten Kugeln, Honigkerzen. Vielleicht haben Sie den Sommer über ein paar schöne Vogelfedern gefunden? Die lassen sich mit einem farblich passenden Wollbändchen um die zusammengerollten Stoffservietten binden – als Hommage an den festlichen Geflügelbraten.

Rinderbrühe mit Brätnockerl

Zutaten für 4 Personen
Für die Rinderbrühe
- 800 g Suppenfleisch (z.B. Tafelspitz oder Rinderbrust)
- Salz
- 1 Tomate
- 3 braunschalige Zwiebeln
- 120 g Knollensellerie
- 1 Karotte
- 1 Petersilienwurzel
- ½ Stange Lauch
- 1 Lorbeerblatt
- 1 TL schwarze Pfefferkörner
- 3 Wacholderbeeren
- 1 Scheibe Ingwer
- ½ Knoblauchzehe
- gemahlene Kurkuma
- 1–2 Stängel Petersilie
- 2 Blätter Liebstöckel
- 1 Streifen unbehandelte Zitronenschale
- frisch geriebene Muskatnuss

Für die Brätnockerl
- 150 g Kalbsbrät vom Metzger
- 3 EL Sahne
- 1 Msp. abgeriebene unbehandelte Zitronenschale
- frisch geriebene Muskatnuss
- ½–1 EL Petersilie (frisch geschnitten)
- Salz

Zubereitung

1 **Für die Rinderbrühe** in einem Topf 3 l Wasser aufkochen, das Fleisch hineinlegen (es sollte gut bedeckt sein) und leicht salzen. Zugedeckt knapp unter dem Siedepunkt 3 Stunden mehr ziehen als köcheln lassen, dabei aufsteigenden Schaum abschöpfen.

2 Inzwischen die Tomate waschen und vierteln, den Stielansatz entfernen. 2 Zwiebeln schälen und vierteln, restliche Zwiebel ungeschält halbieren. Sellerie, Karotte und Petersilienwurzel schälen.

3 Das vorbereitete Gemüse nach 2 Stunden zur Brühe geben. Den Lauch putzen, waschen und mit Lorbeer, Pfeffer und Wacholder nach weiteren 30 Minuten dazugeben. Am Ende der Garzeit Ingwer, Knoblauch, 1 Prise Kurkuma, Petersilie, Liebstöckel und Zitronenschale hinzufügen.

4 **Für die Brätnockerl** das Kalbsbrät mit der Sahne glatt rühren und mit Zitronenschale, Muskat und Petersilie würzen. In einem Topf Wasser aufkochen, salzen und vom Herd ziehen. Mit einem nassen Löffel auf der Handfläche kleine Nockerl aus dem Brät formen und in das Salzwasser geben. Unter dem Siedepunkt darin etwa 10 Minuten garziehen lassen.

5 Die Nockerl bis zum Gebrauch im Salzwasser warm halten. Kurz vor dem Servieren herausnehmen.

6 Fleisch und Gemüse mit dem Schaumlöffel aus der Brühe nehmen. Sellerie, Karotte und Petersilienwurzel für die Einlage klein schneiden und warm halten. Zwiebeln, Tomate und Lauch entfernen. Die Brühe durch ein Sieb abgießen und mit Salz abschmecken.

7 Etwas Muskatnuss in vorgewärmte tiefe Teller reiben. Brätnockerl und Gemüse darin anrichten und die Brühe darübergeben.

Tipp: Das Fleisch nach Belieben als warmes Hauptgericht servieren oder auskühlen lassen und Rindfleischsalat daraus zubereiten.

Festlicher Gänsebraten

Zubereitung

1 Für die Gans den Backofen auf 150 °C vorheizen. Die Gans innen und außen waschen und trocken tupfen. Die Flügel bis auf 2 cm abschneiden, Flügel und Kragen grob zerkleinern. Die Zwiebeln schälen und vierteln. Den Apfel waschen und samt Kerngehäuse in Spalten schneiden.

2 In einem großen Bräter Flügel und Kragen mit Zwiebeln und Apfelspalten verteilen, mit der Brühe aufgießen und die Gans hineinsetzen. Den Deckel auflegen bzw. den Bräter mit Alufolie abdecken und die Gans im Ofen auf der untersten Schiene 2½ Stunden garen. Danach den Bräter aus dem Ofen nehmen.

3 Die Ofentemperatur auf 200 °C erhöhen. Auf die mittlere Schiene ein Ofengitter und darunter ein Abtropfblech schieben. Die Gans vorsichtig aus dem Sud nehmen und auf das Ofengitter setzen, dabei nach Belieben ein kleines Stück Backpapier unter die Gans legen, bis sich die Haut stabilisiert hat. Die Gans im Ofen etwa 1 Stunde knusprig braun braten. Die Butter mit ½ TL Salz verrühren und die Gans damit zwischendurch bestreichen.

4 Für die Sauce inzwischen die Brühe entfetten. Dafür die Brühe durch ein feines Sieb gießen und etwa 5 Minuten stehen lassen. Dann das oben schwimmende Gänsefett abnehmen und beiseitestellen. 750 ml Brühe abmessen, den Rest anderweitig verwenden.

5 Die Zwiebeln schälen und in Würfel schneiden. Die Karotte putzen und schälen, den Sellerie putzen und waschen und beides in Würfel schneiden. Den Puderzucker in einen Topf stäuben und bei milder Hitze hell karamellisieren. Die Gemüsewürfel dazugeben und etwas andünsten. Das Tomatenmark unterrühren und kurz anrösten, bis am Topfboden ein brauner Film anlegt. Den Wein nach und nach dazugeben und jeweils sämig einköcheln lassen. Die gegarten Gänseflügel und den Kragen dazugeben und die 750 ml Gänsebrühe dazugießen. Pimentkörner, Zimt, nach Belieben 1 Lorbeerblatt und 1 Zweig Beifuß hinzufügen und alles knapp unter dem Siedepunkt etwa 30 Minuten ziehen lassen. Dann Knoblauch, Ingwer und Majoran hinzufügen und 5 Minuten darin ziehen lassen.

6 Die Sauce durch ein Sieb in einen Topf gießen. Die Stärke in wenig kaltem Wasser glatt rühren, in die Sauce geben und diese köcheln lassen, bis sie leicht sämig bindet. Noch 2 Minuten leicht köcheln lassen, dann 1 EL abgenommenes Gänsefett einrühren (übriges Gänsefett anderweitig verwenden). Die Sauce mit Salz und Pfeffer abschmecken.

7 Zum Servieren die Gans tranchieren und mit der Sauce auf vorgewärmten Tellern anrichten. Kartoffelknödel, Blaukraut (siehe S. 106) und Selleriesalat dazu servieren.

Zutaten für 6–8 Portionen
Für die Gans
- 1 Gans (ca. 4 kg; küchenfertig)
- 2 Zwiebeln
- ½ Apfel
- 2,5 l Hühnerbrühe (ersatzweise Enten- oder Gänsebrühe)
- 50 g flüssige Butter
- Salz

Für die Sauce
- 2 Zwiebeln
- 1 kleine Karotte
- 100 g Knollensellerie
- 1 TL Puderzucker
- 1 EL Tomatenmark
- 250 ml kräftiger Rotwein
- 1 TL Pimentkörner
- 2–3 Splitter Zimtrinde
- 1 Lorbeerblatt (nach Belieben)
- 1 Zweig Beifuß (nach Belieben)
- 1 kleine Knoblauchzehe (in Scheiben)
- 3 Scheiben Ingwer
- 1 TL getrockneter Majoran
- 2 TL Speisestärke
- Salz
- Pfeffer aus der Mühle

Crème brûlée mit Maronen

Zutaten für 4 Portionen
Für die Crème brûlée
- 125 ml Milch
- 125 g Sahne
- 50 g Zucker
- Salz
- Zimtpulver
- 80 g ungesüßtes Maronenpüree (siehe Tipp unten)
- 30 g Zartbitterkuvertüre
- 2 Eier

Außerdem
- 4 EL ungesüßtes Maronenpüree
- 1 TL Vanillezucker
- 1–2 EL feiner brauner Zucker zum Bestreuen

Zubereitung

1 Für die Crème brûlée die Milch mit Sahne, Zucker, je 1 Prise Salz und Zimt sowie dem Maronenpüree in einem Topf verrühren und aufkochen.

2 Die Kuvertüre hacken und mit den Eiern in einen Rührbecher geben. Die heiße Milch-Maronen-Mischung nach und nach dazugießen und mit dem Stabmixer unterrühren.

3 Das Maronenpüree mit dem Vanillezucker glatt rühren, in vier ofenfeste flache Portionsförmchen (à 100 bis 120 ml) verteilen und auf den Förmchenböden gleichmäßig und glatt verstreichen. Die Maronen-Eier-Kuvertüre-Mischung darüber verteilen.

4 Den Backofen auf 120 °C vorheizen. Die Förmchen in ein tiefes Backblech stellen und so viel heißes Wasser angießen, dass sie zu einem Drittel im Wasser stehen. Die Crème im Ofen auf der mittleren Schiene etwa 30 Minuten stocken lassen. Nach 20 Minuten Garzeit die Konsistenz der Crème prüfen (siehe Tipp).

5 Die Förmchen aus dem Wasserbad nehmen. Die Crème zuerst bei Zimmertemperatur abkühlen lassen, dann mindestens 4 Stunden (am besten über Nacht) im Kühlschrank durchkühlen lassen.

6 Kurz vor dem Servieren die Crème in den Förmchen mit wenig braunem Zucker gleichmäßig bestreuen und mit dem Flambierbrenner goldbraun karamellisieren, dann den Vorgang ein- bis zweimal wiederholen. Die Crème brûlée sofort servieren.

Tipp: Anstelle des ungesüßten Maronenpürees können Sie auch gesüßte Maronencreme bzw. Maronenaufstrich verwenden. Dann sollten Sie jedoch die Zuckermenge etwas reduzieren. Perfekt gegart ist die Crème, wenn sie eine weiche, puddingartige Konsistenz aufweist. Zum Testen des Garpunkts am besten die Oberfläche der Crème mit einem Löffelrücken leicht andrücken. Durch das mehrmalige Karamellisieren wird die Kruste der Crème brûlée übrigens besonders schön.

Meine Tipps für das weihnachtliche Wildmenü

Rehragout und Lebkuchenmousse – beides ist so fein wie leicht gemacht! Auch das Wildmenü lässt sich prima vorbereiten und entspannt planen. Da bleibt sogar noch genügend Zeit für einen Waldspaziergang. Und wer weiß: Vielleicht finden Sie da noch etwas Dekoratives für Ihren festlich gedeckten Tisch?

Einkaufsliste fürs weihnachtliche Wildmenü

In der Wildhandlung/beim Metzger vorbestellen:
- 750 g Rehschulter
- 400 g Rehrückenfilet
- 100 g Frühstücksspeck in Scheiben

Frische Zutaten
- 2 Zwiebeln
- 1 mehligkochende Kartoffel
- 1 Karotte
- 1,6 kg Knollensellerie
- 1 rotschaliger Apfel
- 1 unbehandelte Orange
- 1 unbehandelte Zitrone
- 4 Stängel frische Minze

Milchprodukte & Eier
- 150 ml Milch
- 500 g Sahne
- ca. 100 g Butter
- 3 EL braune Butter (siehe S. 83)
- 3 Eier

Haltbare/trockene/fertige Zutaten
- 1 l Gemüse- oder Hühnerbrühe
- 600 ml Hühnerbrühe
- 50 g gehackte Walnusskerne
- 100 g gemahlene Haselnüsse
- 12 Dörrpflaumen
- 1 EL Johannisbeergelee
- 1 TL Honig
- ca. 50 g Zartbitterschokolade
- 2 ½ Blätter Gelatine
- weißer Zucker
- 3 TL Puderzucker
- Speisestärke
- 50 g Pankomehl (asiatisches Paniermehl)
- Tomatenmark
- Aceto balsamico
- Öl zum Braten
- 30 ml Orangensaft
- 40 ml Kirschsaft
- 350 ml Rotwein
- 40 ml Portwein
- Rum

Gewürze
- mildes Chilipulver
- mildes Chilisalz
- Glühweingewürz
- Lebkuchengewürz
- Muskatnuss
- Salz, Pfeffer aus der Mühle
- Wildgewürz (oder Lorbeerblätter, Pimentkörner, Korianderkörner, schwarze Pfefferkörner, Wacholderbeeren in der Gewürzmühle)
- Wacholderbeeren
- Vanillezucker
- Zimtpulver
- Zimtrinde

WILDMENÜ

Entspannt an die Sache rangehen – der Zeitplan fürs Wildmenü:

2 bis 3 Tage vorher
- Haltbare, trockene, fertige Zutaten und Getränke besorgen.
- Wild in der Wildhandlung vorbestellen.

Am Vortag
- Frische Zutaten kaufen; Vorbestelltes abholen.
- Selleriesuppe (bis auf den Zimt-Apfel) zubereiten und kalt stellen.
- Auch das Rehragout kann jetzt schon gekocht und kalt gestellt werden.
- Lebkuchenmousse zubereiten, in Gläser füllen und kalt stellen.

4 bis 5 Stunden vor dem Essen
- Getränke kühlen.
- Tisch decken und dekorieren.
- Punschsauce für die Lebkuchenmousse zubereiten.

2 Stunden vor dem Essen
- Vorbereitete Zutaten (Selleriesuppe, Rehragout) aus dem Kühlschrank nehmen.
- Rehrücken vorbereiten.
- Beilagen vorbereiten und gegebenenfalls schon mit der Zubereitung beginnen.

1 Stunde vor dem Essen
- Rehrücken garen.
- Beilagen fertigstellen.
- Selleriesuppe erhitzen, Zimt-Apfel zubereiten, Walnüsse hacken.
- Rehragout erhitzen, abschmecken.

Kurz vorm Servieren
- Selleriesuppe abschmecken, nochmals kurz mit dem Stabmixer aufschäumen.
- Punschsauce und Dörrpflaumen dekorativ auf der Lebkuchenmousse verteilen.

Festlich angerichtet – Tipps fürs Servieren der Speisen

Selleriesuppe:
- Suppenteller im Ofen bei 50 °C vorwärmen.
- Suppe in die vorgewärmten Teller füllen, mit Zimt-Apfel und gehackten Walnüssen garnieren.

Rehragout und Rehrücken:
- Teller im Ofen bei 50 °C vorwärmen.
- Erst das Ragout auf die Teller geben, dann den Rehrücken, schräg in Scheiben geschnitten, daneben anrichten.

Lebkuchenmousse:
- Jedes Glas Lebkuchenmousse mit etwas frischer Minze garnieren, am dekorativsten sind die Spitzen mit ganz kleinen Blättern.

Mein Dekotipp
Tannenzapfen, Äste, Zweige – sicher finden Sie bei einem Spaziergang dekorative Kleinigkeiten am Wegesrand. In die Mitte des Tisches einen kräftigen, schön geformten Ast mit Zweigen legen, Christbaumschmuck in Pilzform daran befestigen, Lücken mit Tannengrün, Zapfen, Äpfeln und Lebkuchen schmücken. Und falls Sie ein Zwetschgenmanderl auf dem Adventsmarkt entdecken oder geschenkt bekommen: In diesem Arrangement findet es ein neues Zuhause – als Vorbote für die Dörrpflaumen zur Mousse!

Selleriesuppe
mit Zimt-Apfel & Walnüssen

Zubereitung

1 Für die Selleriesuppe den Sellerie putzen, schälen und in etwa 1 cm große Würfel schneiden. In einem Topf in der Brühe knapp unter dem Siedepunkt etwa 20 Minuten weich garen. Die Sahne und die kalte Butter hinzufügen und alles mit dem Stabmixer pürieren. Mit Salz, Pfeffer und 1 Prise Chilipulver würzen.

2 Für den Zimt-Apfel den Apfel waschen, vierteln, entkernen und in Spalten schneiden. Den Puderzucker in einer Pfanne bei mittlerer Hitze hell karamellisieren. Die Apfelspalten auf beiden Seiten darin andünsten, die Butter dazugeben, zerlassen und etwas Zimt frisch darüberreiben.

3 Die Suppe mit dem Stabmixer nochmals aufschäumen und in vorgewärmte Tassen oder auf vorgewärmte tiefe Teller verteilen. Die Apfelspalten hineinlegen und die Suppe mit den Walnüssen bestreuen.

Tipp: Ein besonders feinwürziges Aroma bekommt die Suppe durch die Zugabe von 1 bis 2 Msp. Ras el Hanout. Dies ist eine Gewürzmischung aus sehr vielen Einzelzutaten, häufig auch mit Rosenblütenblättern. Traditionell wird sie in Marokko verwendet und schmeckt in Eintöpfen, Suppen, Gemüsezubereitungen, Couscous und vielem mehr.

Zutaten für 4 Portionen
Für die Selleriesuppe
- 1 kleine Sellerieknolle (ca. 800 g)
- 1 l Gemüse- oder Hühnerbrühe
- 200 g Sahne
- 50 g kalte Butter
- Salz
- Pfeffer aus der Mühle
- mildes Chilipulver

Für den Zimt-Apfel
- 1 rotschaliger Apfel
- 1–2 TL Puderzucker
- 1 EL Butter
- 1 Stück Zimtrinde

Außerdem
- 2 EL Walnusskerne (grob gehackte)

Zweierlei vom Reh

Zutaten für 4 Portionen

Für das Rehragout
- 750 g Rehfleisch (aus der Schulter)
- 1 TL Puderzucker
- 1 EL Tomatenmark
- 250 ml kräftiger Rotwein
- 2 Zwiebeln, ½ Karotte und 80 g Knollensellerie (jeweils in 5 mm großen Würfeln)
- 600 ml Hühnerbrühe
- 1–2 TL Speisestärke
- 1 EL Johannisbeergelee
- 1 TL geraspelte Zartbitterschokolade
- ½ TL Wildgewürz zum Braten und Grillen (ersatzweise Gewürzmühle mit 1 Lorbeerblatt, 5 angedrückten Wacholderbeeren, ½ TL schwarzen Pfeffer-, ¼ TL Koriander- und 5 Pimentkörnern)
- Salz
- 1–2 TL Aceto balsamico

Für den Rehrücken
- 400 g Rehrückenfilet, ½ TL Öl
- 50 g Panko (asiat. Paniermehl)
- 20 g gemahlene Haselnusskerne
- ½–1 TL Wildgewürz
- ca. 1 TL mildes Chilisalz
- 2 EL braune Butter (siehe S. 83)

Für das Selleriepüree
- 750 g Knollensellerie
- 1 kleine mehligkochende Kartoffel (ca. 80 g)
- 150 ml Milch
- je 1 EL braune und kalte Butter
- mildes Chilisalz
- frisch geriebene Muskatnuss
- 4 Scheiben Frühstücksspeck

Zubereitung

1 **Für das Rehragout** das Rehfleisch waschen, trocken tupfen und von groben Sehnen befreien. Das Fleisch in 1,5 bis 2 cm große Würfel schneiden. Den Puderzucker in einem Topf bei milder Hitze hell karamellisieren. Das Tomatenmark unterrühren und kurz mitdünsten. Den Wein dazugießen und sämig einköcheln lassen. Das Rehfleisch und die Gemüsewürfel dazugeben und mit der Brühe aufgießen. Mit einem Blatt Backpapier bedecken und das Fleisch knapp unter dem Siedepunkt 1¼ Stunden weich schmoren.

2 Die Sauce durch ein Sieb in einen Topf gießen, Fleisch und Gemüse beiseitestellen. Die Speisestärke mit etwas kaltem Wasser glatt rühren, in die Sauce geben und diese köcheln lassen, bis sie sämig bindet. Johannisbeergelee und Schokolade unterrühren und die Sauce mit Wildgewürz, Salz und etwas Essig würzen, warm halten. Zum Servieren das Fleisch und nach Belieben auch das Gemüse wieder in der Sauce erwärmen.

3 **Für den Rehrücken** den Backofen auf 100 °C vorheizen. Auf die mittlere Schiene ein Ofengitter und darunter ein Abtropfblech schieben. Das Filet waschen und trocken tupfen. Eine Pfanne bei mittlerer Temperatur erhitzen, das Öl mit einem Pinsel darin verstreichen und das Filet rundum kurz anbraten. Auf das Ofengitter legen und im Ofen 50 Minuten rosa durchziehen lassen.

4 Inzwischen für die Brösel den Panko in einer Pfanne ohne Fett goldbraun rösten. Sobald die Brösel leicht gebräunt sind, die Haselnüsse dazugeben und etwas mitrösten, bis sie fein zu duften beginnen und alles goldbraun ist. Die Bröselmischung in eine Schüssel füllen, das Wildgewürz unterrühren, mit Chilisalz würzen. Zum Servieren den fertigen Rehrücken mit der braunen Butter rundum bestreichen und in den Gewürzbröseln wenden, warm halten.

5 **Für das Selleriepüree** den Sellerie putzen, schälen und in kleine Würfel schneiden. Die Kartoffel schälen und ebenfalls in kleine Würfel schneiden. Die Milch in einem Topf erhitzen und Sellerie- und Kartoffelwürfel darin mit geschlossenem Deckel etwa 20 Minuten weich garen. Die Gemüsewürfel mit dem Schaumlöffel herausnehmen und mit dem Stabmixer pürieren, dabei so viel Kochflüssigkeit wie nötig hinzufügen. Die braune und die kalte Butter unterrühren und das Püree mit Chilisalz und etwas Muskatnuss abschmecken, warm halten.

6 Die Speckscheiben in einer Pfanne ohne Fett bei milder Hitze knusprig braten, herausnehmen und auf Küchenpapier abtropfen lassen.

7 Das Rehragout auf vorgewärmten Tellern anrichten, den Rehrücken schräg in Scheiben schneiden und danebenlegen. Je 2 Nocken Selleriepüree danebensetzen und die Speckscheiben ins Püree stecken. Nach Belieben mit je 50 g kernlosen hellen und dunklen Trauben, die man in einer Pfanne in 1 bis 2 TL Butter kurz erhitzt, sowie mit 1 bis 2 EL Walnusskernen garnieren.

Lebkuchenmousse mit Punschsauce

Zubereitung

1 Für die Lebkuchenmousse die Gelatine in kaltem Wasser einweichen. Die Eigelbe mit dem Zucker hellschaumig aufschlagen und das Lebkuchengewürz einrühren. Den Rum erwärmen, die Gelatine gut ausdrücken, im warmen Rum auflösen und unter die Eigelbmasse rühren.

2 Die Sahne nicht zu steif schlagen und ein Drittel davon mit einem Schneebesen in die Eigelbmasse rühren. Den Rest mit einem Teigschaber vorsichtig unterheben. Die Mousse in einen Spritzbeutel ohne Tülle füllen und abwechselnd mit den Schokospänen auf vier Dessertgläser verteilen. Die Mousse im Kühlschrank etwa 1 Stunde durchziehen lassen.

3 Für die Punschsauce inzwischen die Speisestärke mit 2 EL Rotwein glatt rühren. Den übrigen Rotwein mit Orangensaft, Kirschsaft, Portwein und Zucker in einem Topf verrühren und aufkochen. Die angerührte Speisestärke in die Weinmischung geben und diese etwa 2 Minuten köcheln lassen, bis sie sämig bindet.

4 Den Topf vom Herd nehmen und das Glühweingewürz mit dem Honig unterrühren. Zitronen- und Orangenschale dazugeben und 5 Minuten ziehen lassen. Die Sauce durch ein Sieb in einen Topf gießen, die Dörrpflaumen hinzufügen und die Sauce abkühlen lassen.

5 Zum Servieren die Minze waschen und trocken tupfen. Die Dörrpflaumen mit der Sauce auf der Mousse verteilen und mit Minzespitzen garnieren.

Tipp: Das Aroma der Mousse lässt sich leicht variieren, zum Beispiel wenn Sie etwas Zimt anstelle des Lebkuchengewürzes hinzufügen. Das Glühweingewürz lässt sich nach Belieben durch 1 Zimtrinde, 1 Vanilleschote, 1 Zacken Sternanis, 1 Gewürznelke, 3 Scheiben Ingwer und 2 angedrückte Kardamomkapseln ersetzen.

Zutaten für 4 Portionen

Für die Lebkuchenmousse
- 2 ½ Blatt Gelatine
- 3 Eigelb
- 60 g Zucker
- 1 TL Lebkuchengewürz
- 2 EL Rum
- 300 g Sahne
- 2 EL geraspelte Zartbitterschokolade

Für die Punschsauce
- 2 TL Speisestärke
- 100 ml kräftiger Rotwein
- 30 ml Orangensaft
- 40 ml Kirschsaft
- 40 ml Portwein
- 2 EL Zucker
- ½ TL Glühweingewürz
- 1 TL Honig
- je 1 Msp. abgeriebene unbehandelte Zitronen- und Orangenschale
- 12 Dörrpflaumen

Außerdem
- Minzespitzen zum Garnieren

FISCHMENÜ

Meine Tipps für das Fischmenü

Vor Weihnachten rasen die Tage und Stunden nur so dahin. Aber nicht bei diesem Fischmenü: Es lässt sich so gut vorbereiten, dass die Zeit dabei ganz entspannt vergeht. Der Fisch schmurgelt im Ofen, Dessert und Suppe stehen bereit, die Garnelen brauchen nur eine Minute – Weihnachten kann kommen!

Einkaufsliste fürs Fischmenü

Beim Fischhändler vorbestellen:
- 4 Garnelen
- 700 g Zander (küchenfertig, Schwanzstück)

Frische Zutaten
- 1 Wirsing
- 1 Zwiebel
- 1 Knoblauchknolle
- 1 Ingwerknolle
- einige Stängel Basilikum
- 1–2 Stängel Petersilie
- 1–2 Stängel Dill
- 1 unbehandelte Orange
- 1 unbehandelte Zitrone
- 1 rotbackiger Apfel
- 200 g Rosétrauben

Milchprodukte & Eier
- 4 Eier
- 3 EL Butter
- 7 EL braune Butter (siehe S. 83)
- 100 g Sahne

Haltbare/trockene/fertige Zutaten
- 1 Scheibe Toastbrot
- 650 g stückige Tomaten (aus der Dose)
- ca. 600 ml Gemüsebrühe
- Olivenöl
- Öl (z.B. Raps- oder Sonnenblumenöl)
- weißer Zucker
- Puderzucker
- 1 EL Walnusskerne
- 4 Blätter Gelatine
- 1–2 EL eingelegter Ingwer
- 350 ml Weißwein (z.B. Weißburgunder, Grauburgunder)
- Orangenlikör

Gewürze
- mildes Chilipulver
- mildes Chilisalz
- 5 grüne Kardamomkapseln
- Muskatnuss
- Salz, Pfeffer aus der Mühle
- 1 Vanilleschote
- Zimtrinde, Zimtsplitter

FISCHMENÜ

Alles im Fluss – Zeitplan für das Fischmenü:

2 bis 3 Tage vorher
- Haltbare, trockene, fertige Zutaten sowie Getränke einkaufen.
- Fisch und Garnelen beim Fischhändler vorbestellen.

Am Vortag
- Frische Zutaten kaufen; Vorbestelltes abholen.
- Weinschaumcreme und Weingelee zubereiten und kalt stellen.

4 bis 5 Stunden vor dem Essen
- Tomatensuppe zubereiten und auskühlen lassen.
- Garnelen vorbereiten und abgedeckt kalt stellen.
- Getränke kühlen.
- Tisch decken und dekorieren.

2 Stunden vor dem Essen
- Zander vorbereiten und kalt stellen.
- Wirsing blanchieren, auskühlen lassen und kühl stellen.

1 Stunde vor dem Essen
- Zander im Ofen zubereiten.
- Croûtons rösten.
- Wirsinggemüse fertigstellen.
- Tomatensuppe erhitzen und nochmals abschmecken.
- Trauben für die Weinschaumcreme marinieren.

Kurz vorm Servieren
- Garnelen braten.

Festlich angerichtet – Tipps fürs Servieren der Speisen

Tomatensuppe:
- Suppenteller oder -schalen im Ofen bei 50 °C vorwärmen.
- Suppe in Schalen verteilen, mit je 1 gebratenen Garnele, Basilikum und Zimt-Croûtons garnieren.

Zander:
- Teller im Ofen bei 50 °C vorwärmen.
- Zanderfilets von der Gräte lösen, Wirsinggemüse auf die vorgewärmten Teller verteilen, Apfelspalten danebenlegen, Zanderfilets darauf anrichten.

Weinschaumcreme:
- Die Creme mit den marinierten Trauben und Walnüssen toppen.

Mein Dekotipp
Hier dürfen die Mitbringsel aus dem Sommerurlaub auch mal Weihnachten feiern! Zum Beispiel so: eine Tannengirlande in der Mitte des Tisches, geschmückt mit getrockneten Seesternen und blauen und silbernen Kugeln. Als Kerzenhalter: getrocknete halbe Seeigel, gefüllt mit silbern glitzernden Teelichtern. Statt Kugeln: Flusskiesel. Verbindendes Element: Schleifen mit Silberglanz.

175

FISCHMENÜ

Tomatensuppe
mit Zimt und Garnelen

Zutaten für 4 Portionen
Für die Tomatensuppe
- 1 kleine Zwiebel
- 500 ml Gemüsebrühe
- 1 Knoblauchzehe
- 650 g stückige Tomaten (aus der Dose)
- 50 ml mildes Olivenöl
- einige Stängel Basilikum
- 1 Splitter Zimtrinde
- Salz
- Pfeffer aus der Mühle
- Zucker
- Chilipulver
- 1 EL Basilikum (frisch geschnitten)

Für die Croûtons
- 1 Scheibe Toastbrot
- 1 EL Butter
- 1 Stück Zimtrinde

Für die Garnelen
- 4 Garnelen (à ca. 30 g)
- 1 TL Öl
- je 1 Msp. abgeriebene unbehandelte Zitronen- und Orangenschale
- mildes Chilisalz

Zubereitung

1 **Für die Tomatensuppe** die Zwiebel schälen und in feine Würfel schneiden. Die Zwiebelwürfel in einem Topf mit der Brühe erhitzen und knapp unter dem Siedepunkt 5 Minuten ziehen lassen.

2 Den Knoblauch schälen und in Scheiben schneiden. Die Tomaten zur Brühe geben und erhitzen. Den Knoblauch hinzufügen und die Tomatensuppe mit dem Stabmixer pürieren, dabei das Olivenöl nach und nach dazugeben und untermixen.

3 Die Basilikumstängel waschen und trocken schütteln. Den Zimt mit den Basilikumstängel in die Suppe geben, einige Minuten ziehen lassen und wieder entfernen. Die Tomatensuppe mit Salz, Pfeffer und je 1 Prise Zucker und Chilipulver würzen.

4 **Für die Croûtons** das Toastbrot in ½ cm große Würfel schneiden. Die Butter in einer Pfanne erhitzen und die Brotwürfel darin bei milder Hitze rundum goldbraun rösten. Etwas Zimt darüberreiben.

5 **Für die Garnelen** die Garnelen schälen, am Rücken entlang einschneiden und den dunklen Darm entfernen. Die Garnelen waschen, trocken tupfen und längs halbieren. In einer Pfanne das Öl erhitzen und die Garnelenhälften darin auf der gewölbten Außenseite bei mittlerer Hitze 1 bis 2 Minuten braten, bis sie sich aufdrehen. Dann wenden, die Pfanne vom Herd nehmen und die Garnelen in der Resthitze durchziehen lassen. Die Zitronen- und Orangenschale darüberstreuen und mit Chilisalz würzen.

6 Die Tomatensuppe auf vorgewärmte Schalen oder tiefe Teller verteilen. Die gebratenen Garnelen daraufgeben und die Suppe mit Basilikum und den Zimt-Croûtons bestreut servieren.

Zander am Stück gebraten
auf Apfel-Ingwer-Wirsing

Zubereitung

1 Für den Zander den Backofen auf 100 °C vorheizen. Das Zanderstück waschen, trocken tupfen und die Haut mit einem scharfen Messer kreuzweise leicht einritzen. Das Öl in einer großen Pfanne erhitzen und den Fisch darin rundum hell anbraten. Auf ein Backblech legen und im Ofen auf der mittleren Schiene 40 Minuten saftig durchziehen lassen.

2 Für den Wirsing inzwischen den Wirsing putzen, in die einzelnen Blätter teilen, diese halbieren und dabei die Blattrippen entfernen. Die Blätter in Rauten schneiden und in kochendem Salzwasser in 6 bis 8 Minuten weich garen. Abgießen, kalt abschrecken, abtropfen lassen und überschüssiges Wasser ausdrücken.

3 Den Apfel waschen, vierteln, entkernen und mit der Schale in schmale Spalten schneiden. Den Ingwer in feine Streifen schneiden. Den Puderzucker in einer Pfanne hell karamellisieren, die Apfelspalten darin auf beiden Seiten anbraten. 1 EL Butter dazugeben und schmelzen.

4 Die Brühe mit dem blanchierten Wirsing und dem Ingwer zu den Apfelspalten in die Pfanne geben und erhitzen. Die übrige Butter mit der braunen Butter, der Petersilie und dem Dill unterrühren. Mit Salz, Pfeffer, Chilipulver und 1 Prise Muskatnuss würzen.

5 Für den Zander die braune Butter in einer Pfanne mit Knoblauch, Ingwer, Zimt, Kardamom, Vanillemark, Zitronen- und Orangenschale erwärmen und mit Chilisalz würzen. Das gegarte Zanderstück darin wenden.

6 Die Zanderfilets von der Gräte lösen. Den Wirsing auf vorgewärmten Tellern verteilen, die Apfelspalten danebenlegen und die Zanderfilets darauf anrichten.

Tipp: Dieses Teilstück vom Zander lässt sich äußerst leicht filetieren, da es nach der Bauchhöhle abgetrennt wird und somit weder Stehgräten noch Bauchgräten enthält.

Zutaten für 4 Portionen
Für den Zander
- 1 ganzes Schwanzstück eines großen Zanders (ca. 700 g; küchenfertig)
- 2 EL Öl
- 6 EL braune Butter (siehe S. 83)
- 1 Knoblauchzehe (in dünnen Scheiben)
- 2 Scheiben Ingwer
- ¼ Zimtrinde
- 5 grüne Kardamomkapseln (angedrückt)
- ¼ ausgekratzte Vanilleschote
- je 2 Streifen unbehandelte Zitronen- und Orangenschale
- mildes Chilisalz

Für den Wirsing
- ½ Wirsing
- Salz
- 1 rotbackiger Apfel
- 1–2 EL eingelegter Ingwer
- 1 TL Puderzucker
- 2 EL Butter
- 80 ml Gemüsebrühe
- 1 EL braune Butter
- 1–2 TL Petersilie (frisch geschnitten)
- 1–2 TL Dillspitzen (frisch geschnitten)
- Pfeffer aus der Mühle
- mildes Chilipulver
- frisch geriebene Muskatnuss

FISCHMENÜ

Weinschaumcreme
mit Rosétrauben

Zutaten für 6 Portionen
Für das Weingelee
- 2 Blatt Gelatine
- 50 g Zucker
- 200 ml Weißwein (z.B. Weiß- oder Grauburgunder)
- einige Tropfen Zitronensaft

Für die Weinschaumcreme
- 2 Blatt Gelatine
- 150 ml Weißwein (z.B. Weiß- oder Grauburgunder)
- 120 g Zucker
- 4 Eigelb
- 1–2 EL Zitronensaft
- 1 Eiweiß
- Salz
- 100 g Sahne

Außerdem
- 200 g Rosétrauben (kernlos)
- 1 Spritzer Zitronensaft
- etwas Puderzucker
- einige Tropfen Orangenlikör (z.B. Grand Marnier)
- 1 EL Walnusskerne (grob gehackt)

Zubereitung

1 **Für das Weingelee** die Gelatine in kaltem Wasser einweichen. Den Zucker mit 50 ml Wasser in einem kleinen Topf einmal aufkochen, sodass sich der Zucker auflöst. Den Topf vom Herd nehmen, die Gelatine ausdrücken und zum Zuckersirup geben. Zuletzt Wein und Zitronensaft dazugießen, alles gut verrühren und abkühlen lassen. Zugedeckt im Kühlschrank 2 bis 3 Stunden gelieren lassen.

2 **Für die Weinschaumcreme** die Gelatine in kaltem Wasser einweichen. Den Wein mit 100 g Zucker und den Eigelben in einer Metallschüssel über dem heißen Wasserbad aufschlagen, bis die Creme dickschaumig und maximal 75 °C (Thermometer) heiß ist. Die Gelatine ausdrücken und mit dem Zitronensaft unter die Eigelbcreme rühren. Die Masse vom heißen Wasserbad nehmen und im Eiswasserbad kalt rühren.

3 Das Eiweiß mit 1 Prise Salz und dem übrigen Zucker cremig aufschlagen. Die Sahne cremig-fest aufschlagen und mit dem Eischnee unter die kalte Creme heben. Die Creme jeweils zu etwa drei Vierteln in Dessertgläser füllen und mindestens 1 Stunde kühl stellen.

4 Die Trauben waschen und halbieren. Mit Zitronensaft, Puderzucker und Orangenlikör marinieren.

5 Zum Servieren die Trauben auf der Weinschaumcreme anrichten und mit den Walnüssen bestreuen. Das Gelee mit einer Gabel verrühren und je 1 bis 2 EL davon auf die Gläser verteilen. Nach Belieben mit Minzespitzen garnieren.

Meine Tipps für das Gourmetmenü

Passend zu den Sternen am winterlichen Himmel wird jetzt der Tisch für ein Gourmetmenü gedeckt: Sterneküche für zu Hause – wann, wenn nicht zu Weihnachten? Kompliziert ist das Menü keineswegs. Gut vorbereiten lässt es sich auch. Die feinen Zutaten sprechen fast schon für sich!

Einkaufsliste für das weihnachtliche Gourmetmenü

Beim Fischhändler vorbestellen:
- 8 Jakobsmuscheln in der Schale
- 1 Gläschen Forellenkaviar

Beim Metzger vorbestellen:
- 1 kg Rinderlende, küchenfertig

Beim Feinkosthändler vorbestellen:
- 1 schwarze Trüffel

Frische Zutaten
- 1 Knoblauchknolle
- 1 Ingwerknolle
- 4 kleine rote Chilischoten
- ¼ Fenchelknolle
- 1 Romanesco (oder 1 Brokkoli)
- 120 g Minikarotten mit Grün
- 120 g Zuckerschoten
- 1 Staudensellerie mit Grün
- 1 Granatapfel
- 1 unbehandelte Limette
- 1 unbehandelte Zitrone
- 1 unbehandelte Orange
- 1–2 Stängel Petersilie
- 250 g kernlose helle Trauben
- 250 g kernlose dunkle Trauben

Milchprodukte & Eier
- 3 Eier
- 2 EL Butter
- 2 EL braune Butter (siehe S. 83)
- 250 g Sahne
- 200 g Crème fraîche
- 150 g Speisequark
- 2 EL Milch

Haltbare/trockene/fertige Zutaten
- 160 ml Gemüsebrühe
- 1 TL Dijon-Senf
- 4 Sardellenfilets
- 2 EL Kapern
- 1 Gewürzgurke
- mildes Olivenöl
- Öl (z.B. Raps- oder Sonnenblumenöl)
- Rotweinessig
- Worcestershiresauce
- weißer Zucker
- Speisestärke
- 100 g gehackte Mandeln
- grobes Meersalz
- 250 ml Weißwein

Gewürze
- mildes Chilisalz
- 1 getrocknete Chilischote
- grüne Kardamomkapseln
- gemahlener Kardamom
- Muskatnuss
- Salz, Pfeffer aus der Mühle
- Sternanis
- 1½ Vanilleschoten
- Zimtrinde, Zimtsplitter

GOURMETMENÜ

Bestens vorbereitet – Ablaufplan für das Menü:

2 bis 3 Tage vorher
- Haltbare, trockene, fertige Zutaten sowie Getränke einkaufen.
- Vorbestellungen erledigen; Trüffel besorgen.

Am Vortag
- Frische Zutaten kaufen; Vorbestelltes abholen.
- Remoulade für die Rinderlende zubereiten und kalt stellen.
- Kardamom-Mousse und Trauben-Chutney herstellen und kalt stellen.

4 bis 5 Stunden vor dem Essen
- Getränke kühlen.
- Tisch decken und dekorieren.
- Gemüse blanchieren, abtropfen lassen und bis zum weiteren Gebrauch kühl stellen.
- Jakobsmuscheln waschen, trocken tupfen und auf einem Teller mit Küchenpapier bedeckt bis zum weiteren Gebrauch kalt stellen. Schalen waschen, im Ofen trocknen lassen und beiseitestellen.

2½ Stunden vor dem Essen
- Rinderlende anbraten und 2½ Stunden vor dem Essen in den Ofen schieben. Gewürzbutter für die Lende zubereiten.
- Granatapfelkerne herauslösen und bis zum Gebrauch kühl stellen.

1 Stunde vor dem Essen
- Orangen-Fenchel-Salat zubereiten.
- Gewürze zum Fertigstellen des Gemüsesalats herrichten.
- 15 Minuten vor dem Servieren die Schalen der Jakobsmuscheln im Ofen warm halten.

Kurz vorm Servieren
- Jakobsmuscheln braten.
- Fertig gegarte Rinderlende mit der Gewürzbutter einreiben und bei 70 °C im Ofen warm halten.
- Gemüsesalat zur Fertigstellung marinieren, kurz erwärmen und abschmecken.

Festlich angerichtet – Tipps fürs Servieren der Speisen

Jakobsmuscheln:
Meersalz auf die Vorspeisenteller streuen und jeweils 1 Muschelhälfte daraufsetzen; Orangen-Fenchel-Salat auf die Muschelschalen verteilen; je 2 Jakobsmuscheln darauf anrichten und mit Forellenkaviar toppen. Mit Zimt bestreuen und mit Granatapfelkernen dekorieren.

Rinderlende:
- Teller im Ofen bei 50 °C vorwärmen.
- Rinderlende aufschneiden und mit der Trüffelremoulade und dem Gemüsesalat auf den warmen Tellern anrichten.

Kardamom-Mousse:
- Tiefe Dessertteller bereithalten.
- Trauben-Chutney auf die Dessertteller verteilen; von der Mousse Nocken abstechen und auf dem Chutney anrichten.

Mein Dekotipp
Zum Gourmetmenü passt ein besonders festlich gedeckter Tisch mit feinsten gestärkten Stoffservietten, Damasttischdecke (so kommt das Erbstück zu Ehren), hohen Kerzenleuchtern und Blumenschmuck – zu diesem festlichen Anlass könnte das ein Arrangement aus Christrosen, Amaryllis und Granatäpfeln sein!

Gebratene Jakobsmuscheln
auf Orangen-Fenchel-Salat

Zubereitung

1 Für den Orangen-Fenchel-Salat den Fenchel putzen und waschen. Den harten Strunk entfernen und den Fenchel in Stücke schneiden. Den Sellerie putzen, waschen, die Blätter beiseitelegen und die Stange schräg in Stücke schneiden. Fenchel und Sellerie in einem Topf in der Brühe 5 Minuten dünsten, dabei mit einem passend rund geschnittenen Stück Backpapier bedecken. Das Gemüse in ein Sieb abgießen und den Fond auffangen.

2 Den Gemüsefond mit Senf, beiden Ölsorten, Zitronensaft, Orangenschale sowie je 1 Prise Chilisalz und Zucker in einen hohen Rührbecher geben und mit dem Stabmixer zu einem Dressing verrühren. Die Granatapfelkerne zum Gemüse geben, alles mit dem Dressing mischen und ziehen lassen.

3 Für die Jakobsmuscheln den Backofen auf 150 °C vorheizen. Die Muscheln unter fließendem kaltem Wasser mit einer Bürste gründlich säubern. Dann mit der gewölbten Seite nach unten auf ein Küchentuch legen und in die Hand nehmen. Mit einem kurzen, kräftigen Messer am Schalenrand entlangfahren, dabei den Muskel durchtrennen. Den Deckel abheben, das Fleisch mit dem Messer von der Schale lösen und herausheben. Das weiße Muskelfleisch von den grauen Rändern befreien, gründlich waschen und trocken tupfen. Den orangefarbenen Rogen entfernen. Die 4 Schalenhälften mit der Vertiefung gründlich waschen und abtropfen lassen. Im Backofen 10 bis 15 Minuten trocknen lassen und bis zum Anrichten darin warm halten.

4 Eine große Pfanne bei mittlerer Hitze sehr heiß werden lassen. Das Olivenöl hineingeben und die Jakobsmuscheln darin auf jeder Seite etwa 1 Minute anbraten. Die Pfanne vom Herd nehmen und die Muscheln je nach Größe noch kurz nachziehen lassen. Zimt, Knoblauch, Ingwer, Vanilleschote und braune Butter dazugeben und die Muscheln mit Chilisalz würzen.

5 Etwas Meersalz auf Teller verteilen und jeweils 1 Muschelhälfte daraufsetzen. Den Orangen-Fenchel-Salat auf die gesäuberten Muschelschalen verteilen und je 2 Jakobsmuscheln darauf anrichten. 1 Prise Zimt darüberreiben und den Forellenkaviar daraufsetzen. Nach Belieben mit Radicchioblättern, Orangenfilets, Kerbel und Sellerieblättern garnieren und Granatapfelkerne und Pistazien darüberstreuen.

Zutaten für 4 Portionen
Für den Orangen-Fenchel-Salat
- ¼ Fenchelknolle
- 1 Stange Staudensellerie (mit Grün)
- 80 ml Gemüsebrühe
- 1 TL Dijonsenf
- 1 EL Öl
- 1 EL mildes Olivenöl
- 1 EL Zitronensaft
- ½ TL abgeriebene unbehandelte Orangenschale
- mildes Chilisalz
- Zucker
- 1–2 TL Granatapfelkerne

Für die Jakobsmuscheln
- 8 Jakobsmuscheln (frisch in der Schale)
- 2 TL Olivenöl
- 1 Splitter Zimtrinde
- 1 Knoblauchzehe (in Scheiben)
- 2 Scheiben Ingwer
- 2 cm Vanilleschote
- 2 EL braune Butter (siehe S. 83)
- mildes Chilisalz

Außerdem
- grobes Meersalz
- 1 Stück Zimtrinde
- 1–2 TL Forellenkaviar

GOURMETMENÜ

Rinderlende mit Trüffelremoulade
und lauwarmem Gemüsesalat

Zutaten für 4 Portionen
Für die Rinderlende
- 1 EL Öl
- 1 kg Rinderlende (küchenfertig)
- 1 TL Kardamomkapseln
- 1 EL Butter
- 1 Knoblauchzehe (geschält und in Scheiben geschnitten)
- ½ ausgekratzte Vanilleschote
- 4 kleine rote Chilischoten, Salz

Für die Remoulade
- 200 g Crème fraîche, 2 EL Milch
- ½ TL scharfer Senf
- 1 Ei (hart gekocht)
- 4 eingelegte Sardellenfilets
- 2 TL Kapern
- 1 Gewürzgurke (ca. 70 g)
- 2 EL Petersilienblätter (frisch geschnitten)
- 1 TL schwarze Trüffel (gehackt)
- 1 EL Rotweinessig
- einige Spritzer Worcestershiresauce
- Salz, Pfeffer aus der Mühle

Für den Gemüsesalat
- 120 g Mini-Karotten (mit Grün)
- Salz, 120 g Zuckerschoten
- 200 g Romanesco (ersatzweise Brokkoli)
- 80 ml Gemüsebrühe
- 1 EL Butter
- 1 kleine getr. Chilischote
- Pfeffer aus der Mühle
- frisch geriebene Muskatnuss
- ½ TL abgeriebene unbehandelte Limettenschale
- 1 EL Limettensaft
- 1 EL mildes Olivenöl

Zubereitung

1 Für die Rinderlende den Backofen auf 100 °C vorheizen. Ein Ofengitter auf die mittlere Schiene und darunter ein Abtropfblech schieben. Das Öl in einer Pfanne erhitzen und die Rinderlende darin bei mittlerer Hitze rundherum anbraten. Auf das Ofengitter legen und im Ofen 2 ½ bis 3 Stunden rosa durchziehen lassen.

2 In einer Pfanne den Kardamom bei milder Hitze leicht anrösten, die Butter dazugeben und zerlassen. Den Knoblauch, die Vanilleschote und die Chilischoten hinzufügen, mit Salz würzen. Die gebratene Rinderlende darin wenden und warm halten. Nach Belieben noch etwas mildes Olivenöl dazugeben.

3 Für die Remoulade die Crème fraîche mit Milch und Senf glatt rühren. Ei, Sardellen, Kapern und Gewürzgurke klein hacken und mit der Petersilie und der Trüffel in die Crème fraîche rühren. Mit Essig, Worcestershiresauce, Salz und Pfeffer abschmecken.

4 Für den Gemüsesalat die Mini-Karotten waschen, das Grün bis auf 1 cm abschneiden. Die Karotten in Salzwasser bissfest blanchieren. In ein Sieb abgießen, kalt abschrecken und schälen.

5 Von den Zuckerschoten die Enden abknipsen, die Zuckerschoten waschen und schräg halbieren. Den Romanesco waschen, putzen und in kleine Röschen teilen, den Strunk schälen und in 1 bis 1,5 cm dünne Scheiben schneiden. Zuckerschoten, Romanesco und Romanescoscheiben in Salzwasser bissfest kochen. Mit dem Schaumlöffel herausheben, kalt abschrecken und abtropfen lassen.

6 Das Gemüse mit der Brühe in einen Topf geben und erhitzen. Butter und Chilischote hinzufügen, mit Salz, Pfeffer, Muskatnuss, Limettenschale und -saft sowie Olivenöl abschmecken. Die Chilischote vor dem Servieren entfernen.

7 Die Rinderlende aus der Gewürzbutter nehmen, aufschneiden und mit der Trüffelremoulade auf dem lauwarmen Gemüsesalat servieren.

Kardamom-Mousse
mit Trauben-Chutney

Zubereitung

1 **Für die Kardamom-Mousse** den Quark in einer Schüssel mit Zucker, Kardamom, Muskatnuss, Zitronen- und Orangenschale, Zitronen- und Orangensaft und Vanillemark glatt rühren.

2 Die Sahne halbsteif schlagen. Die Eiweiße mit dem Zucker und 1 kleinen Prise Salz zu cremigem Schnee schlagen und mit der Sahne unter die Creme heben.

3 Ein Sieb in eine Schüssel hängen, mit einem sauberen Küchentuch auslegen und die Quarkmasse hineinfüllen. Mit Frischhaltefolie bedecken und den Quark 2 Stunden im Kühlschrank abtropfen lassen, sodass die Konsistenz fester wird. Dann in eine Schüssel umfüllen und zugedeckt kühl stellen.

4 **Für das Trauben-Chutney** die Vanilleschote längs aufschneiden und das Mark mit einem spitzen Messer herauskratzen. Wein, Zucker, Vanilleschote und -mark, Zitronen- und Orangensaft sowie die restlichen Gewürze und Zitrusschalen aufkochen lassen. Die Speisestärke mit wenig kaltem Wasser glatt rühren und den Sud damit binden. Abkühlen lassen und durch ein Sieb passieren.

5 Die Mandeln in einer Pfanne ohne Fett rösten und abkühlen lassen. Die Trauben waschen, von den Stielen zupfen und halbieren. Mit den Mandeln unter den Gewürzsud rühren.

6 Das Trauben-Chutney auf tiefe Dessertteller verteilen. Von der Kardamom-Mousse Nocken abstechen und darauf anrichten.

Tipp: Der Quark muss gut abgetropft sein, jedoch sollte man ihn nicht länger als 2 Stunden im Sieb liegen lassen, damit er trotzdem noch luftig und saftig bleibt. Wird er nach 2 Stunden nicht verwendet, füllt man ihn in eine Schüssel um und bedeckt ihn bis zum Anrichten mit Frischhaltefolie.

Zutaten für 4 Portionen
Für die Kardamom-Mousse
- 150 g Speisequark
- 25 g Zucker
- 1 TL gemahlener Kardamom
- 1 TL frisch geriebene Muskatnuss
- je 1 Msp. abgeriebene unbehandelte Zitronen- und Orangenschale
- 1 EL Zitronensaft
- 3 EL Orangensaft
- 1 Msp. Vanillemark
- 250 g Sahne
- 2 Eiweiß
- 50 g Zucker
- Salz

Für das Trauben-Chutney
- ½ Vanilleschote
- 250 ml Weißwein
- 40 g Zucker
- je 1 EL Zitronen- und Orangensaft
- ½ Zimtrinde
- 1 Zacken Sternanis
- 1 TL Kardamomsamen
- je 1 Streifen unbehandelte Zitronen- und Orangenschale
- 1 TL Speisestärke
- 2 EL Mandeln (gehackt)
- je 250 g helle und dunkle kernlose Trauben

Meine Tipps für das vegetarische Weihnachtsmenü

Knusprig Gratiniertes aus dem Ofen, dazu ein heißer und ein eisgekühlter Auflauf – dieses Menü ist ein Fest für Augen, Gaumen und Seele. Weihnachten ist ein Fest der Freude – und auch hier lässt sich wieder Vieles gut planen und vorbereiten.

Einkaufsliste für das vegetarische Menü

Beim Bäcker besorgen
- 30 g Weißbrotbrösel

Frische Zutaten
- 500 g Babyspinat
- 250 g Brokkoli
- 250 g grüner Spargel
- 1 festkochende Kartoffel
- 1 Knollensellerie
- 250 g Karotten
- 4 kleine Zucchini (à ca. 250 g)
- 100 g Zuckerschoten
- 2 Schalotten
- 1 Knoblauchknolle
- 1 Ingwerknolle
- 1–2 Stängel Petersilie
- 1–2 Zweige Rosmarin
- 1 Apfel
- 1 unbehandelte Zitrone
- 1 unbehandelte Orange
- 1 Granatapfel
- 1 blaue Pflaume
- 1 gelbe Pflaume

Milchprodukte & Eier
- 3 Eier
- 300 g Sahne
- ca. 200 g Butter
- 1 TL braune Butter (siehe S. 83)
- 80 g Feta
- 100 g Parmesan

Haltbare/trockene/fertige Zutaten
- 270 ml Gemüsebrühe
- 80 g getrocknete Tomaten (in Öl)
- 100 g gemahlene Haselnüsse
- 25 g Pistazienkerne
- 20 g Mandelblättchen
- 1 EL getrocknete Cranberrys
- Puderzucker
- 75 g flüssiger Honig
- 1–2 TL scharfer Senf
- Öl (z.B. Raps- oder Sonnenblumenöl)
- Früchtetee (für 100 ml)
- ca. 1 Riegel Zartbitterschokolade

Gewürze
- mildes Chilisalz
- 1 getrocknete rote Chilischote
- mildes Currypulver
- Muskatnuss
- Salz, Pfeffer aus der Mühle
- 1 Vanilleschote
- essbare Blüten zum Dekorieren

VEGETARISCHES MENÜ

Nur die Ruhe - der Zeitplan für das vegetarische Menü:

2 bis 3 Tage vorher
- Haltbare, trockene, fertige Zutaten und Getränke kaufen.
- Weißbrotbrösel beim Bäcker besorgen.
- Eisauflauf herstellen und einfrieren.

Am Vortag
- Frische Zutaten kaufen.
- Gratiniermasse für den Sellerierostbraten zubereiten und kalt stellen.

4 bis 5 Stunden vor dem Essen
- Getränke kühlen.
- Sellerie kochen; Püree zubereiten und auskühlen lassen.
- Zucchinirouladen füllen, in die Auflaufform setzen und kühl stellen.
- Tisch decken und dekorieren.

2 Stunden vor dem Essen
- Kartoffelsauce zubereiten.
- Granatapfelkerne herauslösen und kühl stellen.

½ Stunde vor dem Essen
- Vorbereitete Zucchinirouladen in den Ofen schieben.
- Sellerie mit Karottenpüree bestreichen und mit der Gratiniermasse belegen.
- Schokolade raspeln.

Kurz vorm Servieren
- Eventuell Kartoffelsauce nochmals leicht erwärmen.
- Sellerie im Ofen goldbraun überbacken.
- Restlichen Rosmarin und Petersilie hacken.
- 30 Minuten vor dem Servieren der Nachspeise die gefrorenen Eisauflaufförmchen aus dem Tiefkühlfach nehmen und in den Kühlschrank stellen; Früchtebeilage zubereiten.

Fest der Farben - Tipps für das Servieren der Speisen

Zucchinirouladen:
- Teller im Ofen bei 50 °C vorwärmen.
- Kartoffelsauce auf die Teller verteilen, je 2 Zucchinirouladen daraufsetzen – und mit essbaren Blüten und Kräuterblättern dekorieren.

Sellerierostbraten:
- Teller im Ofen bei 50 °C vorwärmen.
- Sellerierostbraten auf die vorgewärmten Teller setzen und mit den fein gehackten frischen Kräutern toppen.

Geeister Christkindlauflauf:
Backpapier vorsichtig von den Auflaufförmchen ziehen. Auflaufförmchen auf Dessertteller setzen, mit der geraspelten Schokolade und den frischen Früchten garnieren; Granatapfelkerne darüberstreuen und mit Puderzucker bestäuben. Wer möchte, garniert noch mit frischer Minze.

Mein Dekotipp
Fröhlich wie das Weihnachtsfest darf auch die Tischdeko sein. Die satten Farben auf dem Teller mögen es, wenn auch das Drumherum bunt und leuchtend ist. Weihnachtskugeln in den Farben des Gemüses – Orange, Gold, Grün und Ocker –, dazu Honigkerzen und immergrüner Ilex in sattem Grün mit roten Früchten, schaffen, locker auf dem Tisch verteilt, eine warme, heitere Atmosphäre.

VEGETARISCHES MENÜ

Zucchinirouladen
auf Kartoffel-Curry-Sauce

Zutaten für 4 Portionen
Für die Sauce
- 1 kleine vorwiegend festkochende Kartoffel (50 g; geschält)
- 150 ml Gemüsebrühe
- 1 kleine getr. rote Chilischote
- 1 Knoblauchzehe (in Scheiben)
- 100 g Sahne
- ½–1 TL mildes Currypulver
- 1 EL kalte Butter
- mildes Chilisalz

Für die Rouladen
- 3–4 Zucchini (à ca. 250 g)
- Salz
- 500 g Babyspinat
- 2 Schalotten
- 80 g getr. Tomaten (in Öl)
- 80 g Feta (Schafskäse; zerbröckelt)
- 4 EL geriebener Parmesan
- 2 EL geröstete gemahlene Haselnusskerne
- 2 Knoblauchzehen (fein gehackt)
- 1 TL Ingwer (fein gehackt)
- mildes Chilisalz
- frisch geriebene Muskatnuss

Zubereitung

1 **Für die Sauce** die geschälte Kartoffel in 1 cm große Würfel schneiden und in einem kleinen Topf in der Brühe mit der Chilischote und dem Knoblauch zugedeckt etwa 20 Minuten weich garen. Die Chilischote wieder entfernen. Die gekochten Kartoffelwürfel mit 100 ml Kartoffelkochwasser und Knoblauch in einen hohen Rührbecher geben. Sahne, Curry und kalte Butter dazugeben und alles mit dem Stabmixer zu einer sämigen Sauce pürieren. Mit Chilisalz würzen.

2 **Für die Rouladen** die Zucchini putzen, waschen und längs in etwa 2 mm dünne Scheiben schneiden. In kochendem Salzwasser 20 Sekunden blanchieren, mit dem Schaumlöffel herausnehmen, kalt abschrecken und abtropfen lassen.

3 Je etwa 5 Zucchinischeiben nebeneinander auf ein sauberes Küchentuch legen, sodass 8 Rechtecke à 10 bis 12 cm Breite entstehen (dabei die Zucchinischeiben an den Längsseiten etwa 1 cm überlappen lassen, damit die Rouladen nicht auseinanderfallen).

4 Den Backofen auf 150 °C vorheizen. Für die Füllung den Spinat verlesen, waschen und trocken schleudern. Die Schalotten schälen und in feine Würfel schneiden. Die getrockneten Tomaten abtropfen lassen und in kleine Würfel schneiden. Eine tiefe Pfanne ohne Fett bei mittlerer Temperatur erhitzen und die Schalottenwürfel darin erhitzen. Spinatblätter dazugeben und kurz zusammenfallen lassen.

5 Die Pfanne vom Herd nehmen und Tomatenwürfel, Feta, Parmesan, Haselnüsse, Knoblauch und Ingwer untermischen. Die Mischung mit etwas Chilisalz und Muskatnuss würzen und auf den Zucchinischeiben verteilen. Jede Zucchinilage mithilfe des Küchentuchs zu einer Roulade aufrollen und mit der Naht nach unten vorsichtig in die Auflaufform setzen. Die Zucchinirouladen im Ofen auf der mittleren Schiene 15 bis 20 Minuten garen. Herausnehmen und sofort servieren.

6 Zum Servieren die Kartoffelsauce auf vorgewärmte Teller verteilen und jeweils 2 Zucchinirouladen daraufsetzen. Nach Belieben mit essbaren Blüten und Kräuterblättern garnieren.

VEGETARISCHES MENÜ

Sellerierostbraten
mit Karottenpüree und Gemüse

Zubereitung

1 Für die Gratiniermasse die weiche Butter schaumig rühren. Senf, Rosmarin, Petersilie, Parmesan, Knoblauch und Weißbrotbrösel unterrühren und alles mit Salz und Pfeffer würzen. Die Masse mithilfe von Backpapier zu einer Rolle von etwa 3 cm Durchmesser formen und ½ bis 1 Stunde kühl stellen.

2 Für das Püree die Karotten putzen, schälen und in 0,5 bis 1 cm dicke Scheiben schneiden. Die Apfelspalte entkernen und schälen. Die Karotten mit Apfelspalte, Brühe, Knoblauch und Ingwer in einen Topf geben, mit einem Blatt Backpapier bedecken und alles knapp unter dem Siedepunkt etwa 20 Minuten weich dünsten.

3 Die Karotten in ein Sieb abgießen, dabei den Garsud auffangen. Dann die Karotten im Blitzhacker oder in einem hohen Rührbecher mit dem Stabmixer cremig pürieren, dabei nur so viel Garsud wie nötig hinzufügen. Die kalte und die braune Butter mit dem Curry unterrühren und das Karottenpüree mit Chilisalz, Pfeffer und Muskatnuss würzen.

4 Für den Rostbraten den Backofengrill vorheizen. Ein Backblech mit etwas Öl fetten. Die Selleriescheiben schälen und in Salzwasser 10 bis 15 Minuten fast weich garen. Herausnehmen, auf Küchenpapier abtropfen lassen und nebeneinander auf das Backblech legen.

5 Je 1 geh. EL Karottenpüree auf jede Selleriescheibe streichen. Die gekühlte Gratiniermasse in dünne Scheiben schneiden und jeweils mehrere Scheiben überlappend auf das Karottenpüree legen. Den Sellerierostbraten unter dem Backofengrill auf der mittleren Schiene etwa 4 Minuten goldbraun überbacken.

6 Für das Gemüse die Zuckerschoten putzen, waschen und große Exemplare halbieren. Den Brokkoli putzen, waschen und in Röschen teilen. Den Spargel waschen, im unteren Drittel schälen und holzige Enden entfernen, die Stangen schräg dritteln, dickere Stangen vorab längs halbieren. Zuckerschoten, Brokkoli und Spargel nacheinander in kochendem Salzwasser bissfest garen. Aus dem Wasser heben, kalt abschrecken und in einem Sieb abtropfen lassen.

7 Zum Servieren die Brühe mit Knoblauch, Ingwer und Zitronenschale in eine Pfanne geben und das vorgegarte Gemüse darin erhitzen, die kalte Butter hinzufügen und alles mit Chilisalz würzen. Den Sellerierostbraten aus dem Ofen nehmen und auf vorgewärmte Teller setzen. Das Gemüse darum herum verteilen und nach Belieben mit gemischten Kräuterblättern garnieren.

Zutaten für 4 Portionen
Für die Gratiniermasse
- 125 g weiche Butter
- 1–2 TL scharfer Senf
- je 1 EL Rosmarinnadeln und Petersilienblätter (frisch geschnitten)
- 1 TL geriebener Parmesan
- 1 fein geriebene Knoblauchzehe
- 30 g Weißbrotbrösel
- Salz, Pfeffer aus der Mühle

Für das Püree
- 250 g Karotten, 1 Apfelspalte
- 70 ml Gemüsebrühe
- 1 Knoblauchzehe (in Scheiben)
- 1 Scheibe Ingwer
- 30 g kalte Butter
- 1 TL braune Butter (siehe S. 83)
- ½ TL mildes Currypulver
- mildes Chilisalz
- Pfeffer aus der Mühle
- frisch geriebene Muskatnuss

Für den Rostbraten
- Öl für das Backblech
- 4 große Scheiben Knollensellerie (ca. 1,5 cm dick), Salz

Für das Gemüse
- 100 g kleine Zuckerschoten
- 250 g Brokkoli
- 250 g grüner Spargel
- Salz, 50 ml Gemüsebrühe
- 1 Knoblauchzehe (in Scheiben)
- 3 Scheiben Ingwer
- 1 Streifen unbehandelte Zitronenschale
- 1 EL kalte Butter, mildes Chilisalz

VEGETARISCHES MENÜ

Geeistes Weihnachtssoufflé

Zutaten für 4 Portionen
Für den Auflauf
- 1 EL getr. Cranberrys
- 50–100 ml heißer Früchtetee
- 25 g Pistazienkerne
- 20 g Mandelblättchen
- 1 geh. EL Puderzucker
- 2 Eigelb
- 1 Ei
- 75 g flüssiger Honig
- Mark von 1 Vanilleschote
- je ½ TL abgeriebene unbehandelte Zitronen- und Orangenschale
- 200 g Sahne

Für die Früchte
- je 1 blaue und gelbe Pflaume
- 1 Orange
- 1 EL Granatapfelkerne

Außerdem
- Öl für die Förmchen
- 1 EL geraspelte Zartbitterschokolade

Zubereitung

1 **Für den Auflauf** die Cranberrys mit dem heißen Früchtetee aufgießen und 20 Minuten ziehen lassen. Anschließend in ein Sieb abgießen und gut abtropfen lassen. Die Pistazien grob hacken, mit den Mandelblättchen in einer Pfanne ohne Fett erhitzen, nach und nach mit dem Puderzucker bestäuben und immer wieder unter Rühren leicht karamellisieren. Aus der Pfanne nehmen und abkühlen lassen.

2 Eigelbe, Ei, Honig, Vanillemark, Zitronen- und Orangenschale in einer Metallschüssel über dem heißen Wasserbad dickschaumig aufschlagen (die Temperatur sollte 78 °C nicht überschreiten).

3 Die Schüssel aus dem Wasserbad nehmen und die schaumige Mischung mit einem Schneebesen weiterschlagen, bis sie kalt ist. Die Sahne cremig aufschlagen und mit Pistazien, Mandelblättchen und eingeweichten Cranberrys unter die Eiermasse ziehen.

4 Vier Auflaufförmchen (à ca. 150 ml Inhalt) am inneren oberen Rand 1 bis 2 cm mit Öl einfetten und die Ränder mit je einem 3 bis 4 cm breiten Streifen Backpapier auslegen, sodass es etwa 2 cm über den Rand ragt. Die Masse in den Förmchen verteilen und mindestens 2 Stunden im Tiefkühlfach gefrieren lassen.

5 Etwa 20 bis 30 Minuten vor dem Servieren die gefrorenen Auflaufportionen aus dem Tiefkühlfach nehmen und in den Kühlschrank stellen.

6 **Für die Früchte** inzwischen die Pflaumen waschen, halbieren, entsteinen und in Spalten schneiden. Die Orange so großzügig schälen, dass auch die weiße Haut entfernt wird. Die Filets zwischen den Trennhäutchen herausschneiden.

7 Zum Servieren das Backpapier vorsichtig aus den Auflaufförmchen ziehen. Die Aufläufe mit Schokospänen bestreuen, die Orangenfilets und die Granatapfelkerne darauf oder daneben anrichten.

Tipp: Durch das Backpapier können Sie die Masse bis über den Rand hinaus in die Förmchen füllen. So sieht das Ganze nach dem Abziehen des Backpapiers auch wie ein Auflauf aus.

VEGANES MENÜ

Meine Tipps für das vegane Weihnachtsmenü

Liebgewonnene Traditionen sind mit das Schönste am Fest – ein bisschen Abwechslung aber setzt ihm neue Glanzlichter auf. Wie dieses hocharomatische Menü, das ohne Tier auf dem Teller auskommt und dabei geschmacklich ein Leuchtfeuer zündet. Daraus könnte glatt eine neue Familientradition werden. Alle Jahre wieder!

Einkaufsliste für das vegane Menü

Frische Zutaten
- 1 Zwiebel
- 1 Knoblauchknolle
- 1 Ingwerknolle
- 200 g Babyspinat
- 1 kleiner Grünkohl
- 1 Schwarzwurzel
- 1 Stängel Zitronengras
- 3 Kaffir-Limettenblätter
- 1–2 Stängel Petersilie
- 1–2 Stängel Koriandergrün
- 1 unbehandelte Limette
- 1 unbehandelte Orange
- 1 unbehandelte Zitrone
- 1 Granatapfel

Haltbare/trockene/fertige Zutaten
- 200 g getrocknete Kichererbsen
- 800 ml Gemüsebrühe
- 400 ml Kokosmilch
- 700 ml Mandeldrink
- 1 TL Kokosraspel
- 2 EL Walnusskerne
- 1–2 EL Mandelblättchen
- 1 EL Rosinen
- Speisestärke
- weißer Zucker
- Kokosblütenzucker
- Puderzucker
- 130 g Milchreis
- Backpulver
- 1 EL helle Sesamsamen
- 1 EL dunkle Sesamsamen
- ½ TL scharfer Senf
- 1 EL Kapern
- 80 g eingelegter Kürbis (aus dem Glas)
- 300 g Sauerkirschen (aus dem Glas)
- Aceto balsamico
- Öl zum Frittieren
- mildes Olivenöl
- schwarzer Tee (für 3 EL)
- 200 ml Kirschsaft
- 125 ml Rotwein
- 50 ml Portwein
- 1 EL Kirschwasser

Gewürze
- milde Chiliflocken
- vegane grüne Currypaste
- 1 Gewürznelke
- Lebkuchengewürz
- Ras el Hanout
- Salz, schwarzer Pfeffer aus der Mühle
- 1 Vanilleschote
- Zimtrinde

VEGANES MENÜ

Schritt für Schritt - der Zeitplan für das vegane Menü:

2 bis 3 Tage vorher
- Haltbare, trockene, fertige Zutaten und Getränke kaufen.

Am Vortag
- Kichererbsen einweichen.
- Frische Zutaten kaufen.

4 bis 5 Stunden vor dem Essen
- Getränke kühlen.
- Kokossuppe nach Rezept vorbereiten und auskühlen lassen (noch nicht abschmecken).
- Kirschkompott für den Milchreis herstellen und kühlen; Mandelblättchen rösten; Granatapfelkerne auslösen und kühl stellen.
- Tisch decken und dekorieren.

2 Stunden vor dem Essen
- Kichererbsenmasse zubereiten und kühl stellen.
- Rosinen einweichen; Gemüse vorbereiten und Vinaigrette herstellen.
- Kokosraspel rösten; alle Zutaten für den Milchreis abwiegen und bereitstellen.

½ Stunde vor dem Essen
- Kokossuppe langsam erwärmen und abschmecken.
- Kichererbsenbällchen formen und ausbacken.

Kurz vorm Servieren
- Milchreis 30 Minuten vor dem Servieren des Desserts zubereiten – er braucht 25–30 Minuten; Kirschkompott fertig abschmecken.

Mit Liebe serviert - Tipps zum Anrichten der Speisen

Kokossuppe:
- Suppenteller oder -schalen im Ofen bei 50 °C vorwärmen.
- Suppe nochmals kurz aufmixen, auf die vorgewärmten Teller verteilen, mit Kokosraspeln, abgeriebener Limettenschale, Chiliflocken und Spinatblättchen garnieren.

Kichererbsenbällchen:
Flache Teller bereithalten: Grünkohlblätter, Schwarzwurzeln und Kürbisstücke darauf verteilen, mit Vinaigrette beträufeln und die Kichererbsenbällchen darauf anrichten. Mit gehackten Walnüssen bestreuen.

Milchreis:
Warmen Milchreis in Dessertschalen füllen, mit dem Kirschkompott toppen und mit Mandelblättchen bestreuen.

Mein Dekotipp
Orientalische Traditionen harmonieren gut mit diesem Menü: Ganze Granatäpfel zusammen mit Goldkugeln, Teelichtern in farbigen Gläsern, goldenen Kerzen und dekorativen Schälchen, gefüllt mit Weihrauchgranulat, wecken Bilder vom Ursprungsort des Fests. Auf jeden Fall schaffen sie eine warme, feierliche Atmosphäre!

VEGANES MENÜ

Kokos-Spinat-Suppe
mit Limette

Zubereitung

1 Für die Kokos-Spinat-Suppe den Spinat verlesen und waschen, einige Blätter für die Garnitur beiseitelegen. Den restlichen Spinat in kochendem Salzwasser 30 Sekunden blanchieren. In ein Sieb abgießen, kalt abschrecken, abtropfen lassen und klein schneiden. Vom Zitronengras die welken Außenblätter und die obere trockene Hälfte entfernen, die untere Hälfte längs halbieren. Die Kaffir-Limettenblätter mehrmals einreißen.

2 Die Zwiebel schälen und in feine Würfel schneiden. Mit der Brühe in einen Topf geben, Zitronengras und Kaffir-Limettenblätter dazugeben und 5 Minuten köcheln lassen. Den Knoblauch schälen, fein reiben und mit der Kokosmilch, dem Ingwer und der Currypaste zur Brühe geben. Mit Limettensaft, Salz und 1 Prise Zucker würzen.

3 Die Kaffir-Limettenblätter und das Zitronengras wieder entfernen. Den Spinat in die Suppe geben und alles mit dem Stabmixer pürieren. Falls nötig, noch etwas nachwürzen.

4 Die Kokosraspel in einer Pfanne ohne Fett etwas anrösten. Die Kokos-Spinat-Suppe nochmals mit dem Stabmixer aufmixen und auf vorgewärmte Suppentassen oder -schälchen verteilen. Mit den beiseitegelegten Spinatblättern garnieren, mit Kokosraspeln bestreuen und die Limettenschale darüberstreuen. Nach Belieben mit Chiliflocken bestreuen.

Zutaten für 4 Portionen
Für die Kokos-Spinat-Suppe
- 200 g junger Blattspinat
- Salz
- 1 Stängel Zitronengras
- 3 Kaffir-Limettenblätter
- ½ Zwiebel
- 800 ml Gemüsebrühe
- 2 Knoblauchzehen
- 400 ml Kokosmilch
- 1 TL Ingwer (gerieben)
- 1 TL grüne Currypaste (vegan)
- einige Tropfen Limettensaft
- Zucker

Außerdem
- 1 TL Kokosraspel
- abgeriebene Limettenschale

VEGANES MENÜ

Kichererbsenbällchen
auf winterlichem Salat

Zutaten für 4 Portionen
Für die Kichererbsenbällchen
- 200 g getrocknete Kichererbsen
- ½ Zwiebel
- 1 EL Petersilie (frisch geschnitten)
- 1 EL Koriandergrün (frisch geschnitten)
- 1 Knoblauchzehe (fein gerieben)
- ¼–½ TL gesiebtes Backpulver
- Salz
- 1 TL Ras el Hanout (marok. Gewürzmischung)
- 1 EL helle Sesamsamen
- 1 EL dunkle Sesamsamen
- Fett zum Frittieren

Für den Salat
- 1 EL Rosinen
- 3 EL heißer Schwarztee
- 3 EL Aceto balsamico
- ½ TL scharfer Senf
- 5 EL mildes Olivenöl
- 2 EL Granatapfelkerne
- 1 EL Kapern
- Salz
- Pfeffer aus der Mühle
- Zucker
- Granatapfelsaft (nach Belieben)
- 6 Blätter Grünkohl
- 1 Schwarzwurzel
- 80 g eingelegte Kürbisstücke (abgetropft)
- 2 EL Walnusskerne (grob gehackt)

Zubereitung

1 **Für die Kichererbsenbällchen** am Vortag die Kichererbsen in einer Schüssel mit 1 l Wasser 24 Stunden einweichen.

2 Am nächsten Tag die Kichererbsen in ein Sieb abgießen und abtropfen lassen. Die Zwiebel schälen und in feine Würfel schneiden.

3 Kichererbsen, Zwiebel, Petersilie, Koriander und Knoblauch durch die feine Scheibe des Fleischwolfs drehen, ersatzweise einen Blitzhacker verwenden. Das Backpulver gut unterrühren und die Mischung mit Salz und Ras el Hanout würzen. Je nach Konsistenz ggf. noch etwas Wasser hinzufügen. Mit Frischhaltefolie abdecken und für 1 Stunde in den Kühlschrank stellen.

4 **Für den Salat** die Rosinen im heißen Tee 1 Stunde einweichen. Essig mit Senf und Olivenöl verrühren. Die Rosinen samt Tee, Granatapfelkernen und Kapern hinzufügen und mit Salz, Pfeffer und 1 Prise Zucker würzen. Nach Belieben noch etwas Granatapfelsaft zur Vinaigrette geben.

5 Grünkohl und Schwarzwurzel waschen und abtropfen lassen. Vom Grünkohl die feinen Blätter von den harten Blattrippen abzupfen. Die Grünkohlblätter in Salzwasser 5 bis 6 Minuten blanchieren, in ein Sieb abgießen, kalt abschrecken und abtropfen lassen. Die Schwarzwurzel schälen, schräg in Scheiben schneiden und in Salzwasser bissfest kochen, kalt abschrecken und abtropfen lassen.

6 Hellen und dunklen Sesam in einer kleinen Schüssel oder einem tiefen Teller vermischen.

7 In einem Topf oder einer Fritteuse Fett auf 160 bis 170 °C erhitzen. Einen Falafel-Maker anspannen, großzügig mit Kichererbsenmasse füllen und mit einem Tafelmesser in Form streichen. Dabei die Masse nicht gerade abstreichen, sondern einen kleinen Hügel formen. Kurz in die Sesammischung tauchen und in das heiße Fett geben, indem man den Spanner des Falafel Makers loslässt. Einige Minuten goldbraun backen, mit einer Schaumkelle herausheben und auf Küchenpapier abtropfen lassen. Die übrige Masse und die restliche Sesammischung auf dieselbe Weise verarbeiten.

8 Zum Servieren Grünkohlblätter, Schwarzwurzel und Kürbisstücke in der Mitte von flachen Tellern anrichten, die Vinaigrette darauftröpfeln, die Walnusskerne darauf streuen und die Kichererbsenbällchen darauf anrichten. Nach Belieben einen Dip auf Sojajoghurt-Basis dazu reichen.

Milchreis mit Kirschen

Zubereitung

1   **Für den Milchreis** die Vanilleschote längs aufschneiden und das Mark mit einem spitzen Messer herauskratzen. Den Mandeldrink mit dem Milchreis in einen Topf geben und mit Vanillemark und -schote, Ingwer und 1 Prise Salz würzen. Alles langsam aufkochen und bei milder Hitze 25 bis 30 Minuten mehr ziehen als köcheln lassen, dabei immer wieder umrühren.

2   **Für die Kirschen** inzwischen die Kirschen abtropfen lassen, dabei 200 ml Kirschsaft auffangen. Die Stärke mit etwas Kirschsaft glatt rühren. Den Puderzucker in einem Topf bei milder Hitze hell karamellisieren. Mit Rotwein und Portwein ablöschen und auf die Hälfte einkochen lassen.

3   Kirschsaft, Zucker, Gewürze und Zitrusschalen hinzufügen und einmal aufkochen lassen. Die angerührte Stärke einrühren und alles weitere 2 Minuten köcheln lassen. Durch ein Sieb gießen und die Kirschen hinzufügen. Erneut aufkochen lassen, vom Herd ziehen und mit Kirschwasser abschmecken. Das Ganze auskühlen lassen.

4   Zum Servieren Vanille und Ingwer aus dem Milchreis entfernen. Den Zucker mit den Zitrusschalen und dem Lebkuchengewürz unterrühren. Den Milchreis auf Gläser oder Glasschalen verteilen, die Kirschen daraufgeben und mit den Mandelblättchen bestreuen. Nach Belieben mit Minze und Orangenschalenstreifen garnieren.

Zutaten für 4 Portionen

Für den Milchreis
- 1 Vanilleschote
- 700 ml Mandeldrink (neutral)
- 130 g Milchreis
- 2 Scheiben Ingwer
- Salz
- 1–2 EL Zucker (nach Wunsch Kokosblütenzucker)
- je 1 Msp. abgeriebene unbehandelte Zitronen- und Orangenschale
- ¼–½ TL Lebkuchengewürz

Für die Kirschen
- 300 g Sauerkirschen (aus dem Glas)
- 1½ TL Speisestärke
- 1 TL Puderzucker
- 250 ml Rotwein
- 50 ml Portwein
- 2 EL Zucker (nach Wunsch Kokosblütenzucker)
- 1 kleines Stück Zimtrinde
- 1 Gewürznelke
- 1 Streifen unbehandelte Zitronenschale
- 1 EL Kirschwasser

Außerdem
- 1–2 EL geröstete Mandelblättchen
- Minze (nach Belieben)
- einige Streifen unbehandelter Orangenschale (nach Belieben)

Register

A

Ananas: Kürbisglühwein, weißer, mit Ananas — 150
Apfel
  Apfel-Ingwer-Wirsing, Zander am Stück gebraten auf — 179
  Blaukraut-Grundrezept — 106
  Bratapfelmus für Blaukraut mit Bratapfelmus — 107
  Ente, gebratene, mit Rotweinsauce — 84
  Entenbrust auf Sellerie, Roter Bete und Bratapfel — 91
  Gänsebraten, festlicher — 163
  Gänsekeulen mit Apfelrosenkohl und Kürbispüree — 99
  Glühwein — 150
  Kinderpunsch — 149
  Sellerierostbraten mit Karottenpüree und Gemüse — 195
  Spanferkelfilet im Nudelblatt auf Chilikraut mit Dörrpflaumen — 95
  Zander am Stück gebraten auf Apfel-Ingwer-Wirsing — 179
Artischocken
  Burgunderbraten mit Kartoffel-Artischocken-Gröstl — 87
  Forelle, gebratene, mit Roter Bete und Meerrettich-Sauce — 67
Auberginen, gebackene, auf Tomaten-Spaghetti — 43

B

Beeren
  Blaukraut-Grundrezept — 106
  Hirschrücken mit Selleriepüree — 78
  Holunder-Birnen-Ragout für Holunder-Birnen-Blaukraut — 107
  Pfefferkuchen — 136
  Rehrücken im Brotmantel auf Birnen-Wirsing — 88
  Rumtopf — 146
  Trüffelkuchen mit Birnen und Cranberrygelee — 131
  Weihnachtssoufflé, geeistes — 196
Birne
  Birnen-Wirsing, Rehrücken im Brotmantel auf — 88
  Holunder-Birnen-Ragout für Holunder-Birnen-Blaukraut — 107
  Kartoffel-Mohn-Gnocchi mit Spinat-Birne und Blauschimmelkäse — 44
  Kinderpunsch — 149
  Trüffelkuchen mit Birnen und Cranberrygelee — 131
Blaukraut-Grundrezept — 106
Blumenkohl-Curry-Suppe mit Lachs — 33
Bohnen
  Bohnen-Paprika-Gemüse, Rinderfilet im Strudelteig auf — 77
  Crostini, zweierlei — 25
  Rinderfilet im Strudelteig auf Bohnen-Paprika-Gemüse — 77
Bratapfelmus für Blaukraut mit Bratapfelmus — 107
Brätnockerl, Rinderbrühe mit — 161
Brezensalat mit Schafskäse und Oliven — 22
Burgunderbraten mit Kartoffel-Artischocken-Gröstl — 87

C

Chilikraut mit Dörrpflaumen, Spanferkelfilet im Nudelblatt auf — 95
Christstollen mit Marzipan — 135
Cranberrygelee, Trüffelkuchen mit Birnen und — 131
Crème brûlée mit Maronen — 164
Crostini, zweierlei — 25

E

Eggnog, schneller — 146
Eier
  Auberginen, gebackene, auf Tomaten-Spaghetti — 43
  Christstollen mit Marzipan — 135
  Gewürzkipferl — 139
  Kardamom-Mousse mit Trauben-Chutney — 189
  Kartoffel-Mohn-Gnocchi mit Spinat-Birne und Blauschimmelkäse — 44
  Kürbis-Tortelli mit brauner Butter — 48
  Lebkuchenmousse mit Punschsauce — 173

Marzipan-Wan-Tans mit Pflaumensauce	126
Pfefferkuchen	136
Rinderlende mit Trüffelremoulade und lauwarmem Gemüsesalat	186
Schokoladen-Eisstollen mit Krokant und Glühweinkirschen	125
Schokoladensoufflé mit Gewürzsahne	121
Schwammerl mit Knödeln	115
Schwarzwälder Kirschtörtchen mit Zimt und Rotwein	122
Spinat-Erdnuss-Tarte mit Rosinen	51
Toast mit pochiertem Ei, Spinat und Advents-Hollandaise	52
Trüffelkuchen mit Birnen und Cranberrygelee	131
Weihnachtsbaumstamm	143
Weihnachtssoufflé, geeistes	196
Weinschaumcreme mit Rosétrauben	180
Zimt-Ingwer-Sterne	139
Zimtroulade mit Kirschkompott	132
Eiskaffee, gerührter, mit Kardamom	153
Ente, gebratene, mit Rotweinsauce	84
Entenbrust auf Sellerie, Roter Bete und Bratapfel	91
Engenbrust, glasierte, auf Wirsingspinat	92

F

Feuerzangenbowle	154
Fisch	
Blumenkohl-Curry-Suppe mit Lachs	33
Forelle, gebratene, mit Roter Bete und Meerrettich-Sauce	67
Lachsfilet auf grüner Paprika-Ingwer-Sauce	59
Lachsforelle auf Gurkensalat mit Ingwer und Mohn	29
Lotte, mit Kümmel gebratene, auf Kartoffel-Majoran-Sauce	60
Pistazienrisotto mit gebratener Rotbarbe	56
Rinderlende mit Trüffelremoulade und lauwarmem Gemüsesalat	186
Seezunge auf Rahmspinat	68
Wolfsbarsch in der Folie mit Fenchel & Lavendelblüten	63
Zander am Stück gebraten auf Apfel-Ingwer-Wirsing	179
Zander, gebratener, auf Karotten-Zimt-Salat	34

G

Garnelen: Crostini, zweierlei	25
Geflügel	
Ente, gebratene, mit Rotweinsauce	84
Entenbrust auf Sellerie, Roter Bete und Bratapfel	91
Entenbrust, glasierte, auf Wirsingspinat	92
Gänsebraten, festlicher	163
Gänsekeulen mit Apfelrosenkohl und Kürbispüree	99
Wachteln, glasierte, auf Salat mit Kräuter-Senf-Dip	74
Gemüsesalat, lauwarmem, Rinderlende mit Trüffelremoulade und	186
Gewürzkipferl	139
Gewürzsahne, Schokoladensoufflé mit	121
Gewürzsirup	148
Glasierte Entenbrust auf Wirsingspinat	92
Glühwein	150
Glühweinkirschen, Schokoladen-Eisstollen mit Krokant und	125
Gurkensalat mit Ingwer und Mohn, Lachsforelle auf	29

H/I

Heiße Schokolade	153
Hirschrücken mit Selleriepüree	78
Hollandaise, Advents-, Toast mit pochiertem Ei, Spinat und	52
Holunder-Birnen-Ragout für Holunder-Birnen-Blaukraut	107
Ingwerpunsch	149

K

Kalbfleisch
Rehhackbraten im Zucchinimantel 73
Rehrücken im Brotmantel auf Birnen-Wirsing 88
Rinderbrühe mit Brätnockerl 160
Rinderfilet im Strudelteig auf
Bohnen-Paprika-Gemüse 77

Kardamom
Crostini, zweierlei 25
Eiskaffee, gerührter, mit Kardamom 153
Glühwein 150
Ingwerpunsch 149
Kardamom-Mousse mit Trauben-Chutney 189
Kürbisglühwein, weißer, mit Ananas 150
Rinderlende mit Trüffelremoulade und
lauwarmem Gemüsesalat 186
Schokoladensoufflé mit Gewürzsahne 121
Zander am Stück gebraten auf Apfel-Ingwer-Wirsing 179
Zander, gebratener, auf Karotten-Zimt-Salat 34

Karotten
Auberginen, gebackene, auf Tomaten-Spaghetti 43
Burgunderbraten mit Kartoffel-Artischocken-Gröstl 87
Ente, gebratene, mit Rotweinsauce 84
Gänsebraten, festlicher 163
Gänsekeulen mit Apfelrosenkohl und
Kürbispüree 99
Karottenpüree und Gemüse, Sellerierostbraten mit 195
Karotten-Zimt-Salat, gebratener Zander auf 35
Lammkeule mit Rosmarin-Polenta-Püree 96
Lotte, mit Kümmel gebratene,
auf Kartoffel-Majoran-Sauce 60
Rinderbrühe mit Brätnockerl 160
Rinderlende mit Trüffelremoulade und
lauwarmem Gemüsesalat 186
Schweinefilet auf Wurzelgemüse 81
Sellerierostbraten mit Karottenpüree und Gemüse 195
Tomaten-Karotten-Suppe mit
Bergkäse-Kräuter-Nockerln 30
Wachteln, glasierte, auf Salat mit Kräuter-Senf-Dip 74

Zander, gebratener, auf Karotten-Zimt-Salat 34
Zweierlei vom Reh 170

Kartoffeln
Burgunderbraten mit Kartoffel-Artischocken-Gröstl 87
Hirschrücken mit Selleriepüree 78
Kartoffel-Artischocken-Gröstl, Burgunderbraten mit 87
Kartoffelgratin 102
Kartoffel-Majoran-Sauce, mit Kümmel
gebratene Lotte auf 60
Kartoffel-Mohn-Gnocchi mit Spinat-Birne
und Blauschimmelkäse 44
Kartoffelsalat 111
Kürbisrahmgulasch mit Kartoffelwürfeln 40
Lotte, mit Kümmel gebratene,
auf Kartoffel-Majoran-Sauce 60
Zweierlei vom Reh 170
Käsefondue 47
Kastaniensuppe mit Marzipan und Südtiroler Speck 26
Kichererbsenbällchen auf winterlichem Salat 202
Kinderpunsch 149

Kirschen
Kirschkompott, Zimtroulade mit 132
Lebkuchenmousse mit Punschsauce 173
Milchreis mit Kirschen 205
Pfefferkuchen 136
Rumtopf 146
Schokoladen-Eisstollen mit Krokant
und Glühweinkirschen 125
Schwarzwälder Kirschtörtchen mit Zimt und Rotwein 122
Zimtroulade mit Kirschkompott 132
Knödeln, Schwammerl mit 115
Kräuter-Pesto-Joghurt, Polentastrudel mit 39
Kräuter-Senf-Dip, glasierte Wachteln auf Salat mit 74
Krokantplätzchen 140

Kürbis
Gänsekeulen mit Apfelrosenkohl und Kürbispüree 99
Kichererbsenbällchen auf winterlichem Salat 202
Kürbisglühwein, weißer, mit Ananas 150

Kürbispüree, Gänsekeulen mit Apfelrosenkohl und 99
Kürbisrahmgulasch mit Kartoffelwürfeln 40
Kürbis-Tortelli mit brauner Butter 48

L
Lachsfilet auf grüner Paprika-Ingwer-Sauce 59
Lachsforelle auf Gurkensalat mit Ingwer und Mohn 29
Lammfleisch
   Crostini, zweierlei 25
   Lammkeule mit Rosmarin-Polenta-Püree 96
Lebkuchenmousse mit Punschsauce 173
Limettenreis mit Sternanis 105
Lotte, mit Kümmel gebratene,
   auf Kartoffel-Majoran-Sauce 60

M
Marzipan
   Christstollen mit Marzipan 135
   Hirschrücken mit Selleriepüree 78
   Kastaniensuppe mit Marzipan und Südtiroler Speck 26
   Marzipan-Wan-Tans mit Pflaumensauce 126
   Pfefferkuchen 136
   Schwarzwälder Kirschtörtchen mit Zimt und Rotwein 122
   Trüffelkuchen mit Birnen und Cranberrygelee 131
   Zimt-Ingwer-Sterne 139
Meerettich-Sauce, gebratene Forelle
   mit Roter Bete und 67
Milchreis mit Kirschen 205
Muscheln, gedämpfte, in Anis-Ingwer-Sud 64

N/O
Nockerln, Bergkäse-Kräuter-,
   Tomaten-Karotten-Suppe mit 30
Nüsse
   Christstollen mit Marzipan 135
   Entenbrust, glasierte, auf Wirsingspinat 92
   Gewürzkipferl 139
   Kardamom-Mousse mit Trauben-Chutney 189
   Kichererbsenbällchen auf winterlichem Salat 202
   Krokantplätzchen 140
   Marzipan-Wan-Tans mit Pflaumensauce 126
   Pfefferkuchen 136
   Pistazienrisotto mit gebratener Rotbarbe 56
   Schokoladen-Eisstollen mit Krokant
   und Glühweinkirschen 125
   Schokoladensoufflé mit Gewürzsahne 121
   Schweinefilet auf Wurzelgemüse 81
   Spinat-Erdnuss-Tarte mit Rosinen 51
   Tiramisu mit Mandelkrokant 118
   Trüffelkuchen mit Birnen und Cranberrygelee 131
   Weihnachtsbaumstamm 143
   Weihnachtssoufflé, geeistes 196
   Weinschaumcreme mit Rosétrauben 180
   Zimt-Ingwer-Sterne 139
   Zweierlei vom Reh 170
Oliven: Brezensalat mit Schafskäse und Oliven 22
Orange
   Burgunderbraten mit Kartoffel-Artischocken-Gröstl 87
   Christstollen mit Marzipan 135
   Ente, gebratene, mit Rotweinsauce 84
   Entenbrust auf Sellerie, Roter Bete und Bratapfel 91
   Entenbrust, glasierte, auf Wirsingspinat 92
   Feuerzangenbowle 154
   Gänsekeulen mit Apfelrosenkohl und Kürbispüree 99
   Glühwein 150
   Hirschrücken mit Selleriepüree 78
   Holunder-Birnen-Ragout für
   Holunder-Birnen-Blaukraut 107
   Ingwerpunsch 149

Kardamom-Mousse mit Trauben-Chutney	189
Kartoffel-Mohn-Gnocchi mit Spinat-Birne und Blauschimmelkäse	44
Kastaniensuppe mit Marzipan und Südtiroler Speck	26
Kinderpunsch	149
Kürbis-Tortelli mit brauner Butter	48
Lebkuchenmousse mit Punschsauce	173
Pfefferkuchen	136
Pistazienrisotto mit gebratener Rotbarbe	56
Rehhackbraten im Zucchinimantel	73
Rehrücken im Brotmantel auf Birnen-Wirsing	88
Rote-Bete-Carpaccio mit gebackenen Schwarzwurzeln	21
Schokoladensoufflé mit Gewürzsahne	121
Schwarzwälder Kirschtörtchen mit Zimt und Rotwein	122
Toast mit pochiertem Ei, Spinat und Advents-Hollandaise	52
Wachteln, glasierte, auf Salat mit Kräuter-Senf-Dip	74
Weihnachtssoufflé, geeistes	196
Wolfsbarsch in der Folie mit Fenchel & Lavendelblüten	63
Zander am Stück gebraten auf Apfel-Ingwer-Wirsing	179
Zander, gebratener, auf Karotten-Zimt-Salat	34
Zimt-Ingwer-Sterne	139
Zimtroulade mit Kirschkompott	132

P

Paprika
Brezensalat mit Schafskäse und Oliven	22
Kürbisrahmgulasch mit Kartoffelwürfeln	40
Lachsfilet auf grüner Paprika-Ingwer-Sauce	59
Paprika-Ingwer-Sauce, grüne, Lachsfilet auf	59
Rinderfilet im Strudelteig auf Bohnen-Paprika-Gemüse	77
Pfefferkuchen	136
Pflaumensauce, Marzipan-Wan-Tans mit	126

Pilze
Polentastrudel mit Kräuter-Pesto-Joghurt	39
Rehrücken im Brotmantel auf Birnen-Wirsing	88
Rinderfilet im Strudelteig auf Bohnen-Paprika-Gemüse	77
Schwammerl mit Knödeln	115
Pistazienrisotto mit gebratener Rotbarbe	56

Plätzchen
Gewürzkipferl	139
Krokantplätzchen	140
Pfefferkuchen	136
Zimt-Ingwer-Sterne	139
Polenta-Püree, Rosmarin-, Lammkeule mit	96
Polentastrudel mit Kräuter-Pesto-Joghurt	39
Punschsauce, Lebkuchenmousse mit	173

R

Rahmspinat, Seezunge auf	68
Rahmwirsing	112
Reh, Zweierlei vom	170
Rehhackbraten im Zucchinimantel	73
Rehrücken im Brotmantel auf Birnen-Wirsing	88

Rindfleisch
Burgunderbraten mit Kartoffel-Artischocken-Gröstl	87
Rinderbrühe mit Brätnockerl	160
Rinderfilet im Strudelteig auf Bohnen-Paprika-Gemüse	77
Rinderlende mit Trüffelremoulade und lauwarmem Gemüsesalat	186

Rosenkohl
Gänsekeulen mit Apfelrosenkohl und Kürbispüree	99
Schwarzwurzel-Rosenkohl-Gemüse	104

Rote Bete
Entenbrust auf Sellerie, Roter Bete und Bratapfel	91
Forelle, gebratene, mit Roter Bete und Meerrettich-Sauce	67
Lotte, mit Kümmel gebratene, auf Kartoffel-Majoran-Sauce	60
Rote-Bete-Carpaccio mit gebackenen Schwarzwurzeln	21

Rotweinsauce, mit Ente, gebratene	84
Rumtopf	146

S

Salat, winterlichem, Kichererbsenbällchen mit	202
Schneller Eggnog	146

Schokolade

Hirschrücken mit Selleriepüree	78
Kastaniensuppe mit Marzipan und Südtiroler Speck	26
Lebkuchenmousse mit Punschsauce	173
Pfefferkuchen	136
Schokoladen-Eisstollen mit Krokant und Glühweinkirschen	125
Schokoladensoufflé mit Gewürzsahne	121
Trüffelkuchen mit Birnen und Cranberrygelee	131
Weihnachtsbaumstamm	143
Weihnachtssoufflé, geeistes	196
Zimtroulade mit Kirschkompott	132
Zweierlei vom Reh	170

Schwammerl mit Knödeln	115
Schwarzwälder Kirschtörtchen mit Zimt und Rotwein	122
Schwarzwurzel, gebackener, Rote-Bete-Carpaccio mit	21
Schwarzwurzel-Rosenkohl-Gemüse	104

Schweinefleisch

Kastaniensuppe mit Marzipan und Südtiroler Speck	26
Rehhackbraten im Zucchinimantel	73
Schweinefilet auf Wurzelgemüse	81
Spanferkelfilet im Nudelblatt auf Chilikraut mit Dörrpflaumen	95

Seezunge auf Rahmspinat	68

Sellerie

Burgunderbraten mit Kartoffel-Artischocken-Gröstl	87
Ente, gebratene, mit Rotweinsauce	84
Entenbrust auf Sellerie, Roter Bete und Bratapfel	91
Gänsebraten, festlicher	163
Gänsekeulen mit Apfelrosenkohl und Kürbispüree	99
Hirschrücken mit Selleriepüree	78
Lammkeule mit Rosmarin-Polenta-Püree	96
Rinderbrühe mit Brätnockerl	160
Schweinefilet auf Wurzelgemüse	81
Selleriepüree, Hirschrücken mit	78
Sellerierostbraten mit Karottenpüree und Gemüse	195
Zweierlei vom Reh	170
Spanferkelfilet im Nudelblatt auf Chilikraut mit Dörrpflaumen	95

Spargel: Sellerierostbraten mit Karottenpüree und Gemüse — 195

Spinat

Entenbrust, glasierte, auf Wirsingspinat	92
Kartoffel-Mohn-Gnocchi mit Spinat-Birne und Blauschimmelkäse	44
Seezunge auf Rahmspinat	68
Spinat-Erdnuss-Tarte mit Rosinen	51
Toast mit pochiertem Ei, Spinat, Advents-Hollandaise	52

Sternanis

Entenbrust auf Sellerie, Roter Bete und Bratapfel	91
Kardamom-Mousse mit Trauben-Chutney	189
Kürbisglühwein, weißer, mit Ananas	150
Limettenreis mit Sternanis	105
Marzipan-Wan-Tans mit Pflaumensauce	126
Schokoladen-Eisstollen mit Krokant und Glühweinkirschen	125
Zimtroulade mit Kirschkompott	132

T

Tiramisu mit Mandelkrokant	118
Toast mit pochiertem Ei, Spinat und Advents-Hollandaise	52
Tomaten-Karotten-Suppe mit Bergkäse-Kräuter-Nockerln	30
Trauben-Chutney, Karamell-Mousse mit	189
Trüffelkuchen mit Birnen und Cranberrygelee	131
Trüffelremoulade und lauwarmem Gemüsesalat, Rinderlende mit	186

V/W

Vanille

Blaukraut-Grundrezept	106
Blaukraut mit Bratapfelmus	107
Christstollen mit Marzipan	135
Crostini, zweierlei	25
Eggnog, schneller	146
Entenbrust auf Sellerie, Roter Bete und Bratapfel	91
Feuerzangenbowle	154
Glühwein	150
Holunder-Birnen-Blaukraut	107
Ingwerpunsch	149
Jakobsmuscheln, gebratene, auf Orangen-Fenchel-Salat	185
Kardamom-Mousse mit Trauben-Chutney	189
Kastaniensuppe mit Marzipan und Südtiroler Speck	26
Kinderpunsch	149
Kürbisglühwein, weißer, mit Ananas	150
Lammkeule mit Rosamrin-Polenta-Püree	96
Marzipan-Wan-Tans mit Pflaumensauce	126
Milchreis mit Kirschen	205
Muscheln, gedämpfte, in Anis-Ingwer-Sud	64
Pistazienrisotto mit gebratener Rotbarbe	56
Rinderlende mit Trüffelremoulade und lauwarmem Gemüsesalat	186
Schokoladen-Eisstollen mit Krokant und Glühweinkirschen	125
Schweinefilet auf Wurzelgemüse	81
Seezunge auf Rahmspinat	68
Toast mit pochiertem Ei, Spinat und Adventshollandaise	52
Tomaten-Karotten-Suppe mit Bergkäse-Kräuter-Nockerl	30
Weihnachtsbaumstamm	143
Weihnachtssoufflé, geeistes	196
Wolfsbarsch in der Folie mit Fenchel & Lavendelblüten	63
Zander am Stück gebraten auf Apfel-Ingwer-Wirsing	179
Zander, gebratener, auf Karotten-Zimt-Salat	34
Zimtroulade mit Kirschkompott	132

Wachteln, glasierte, auf Salat mit Kräuter-Senf-Dip	74
Weihnachtsbaumstamm	143
Weihnachtssoufflé, geeister	196
Weinschaumcreme mit Rosétrauben	180

Wild

Hirschrücken mit Selleriepüree	78
Rehhackbraten im Zucchinimantel	73
Rehrücken im Brotmantel auf Birnen-Wirsing	88
Zweierlei vom Reh	170

Wirsing

Entenbrust, glasierte, auf Wirsingspinat	92
Rahmwirsing	112
Wirsingspinat, glasierte Entenbrust auf	92
Zander am Stück gebraten auf Apfel-Ingwer-Wirsing	179
Wolfsbarsch in der Folie mit Fenchel & Lavendelblüten	63

Z

Zander am Stück gebraten auf Apfel-Ingwer-Wirsing	179
Zander, gebratener, auf Karotten-Zimt-Salat	34

Zimt

Blaukraut-Grundrezept	106
Blaukraut mit Bratapfelmus	107
Burgunderbraten mit Kartoffel-Artischocken-Gröstl	87
Crème brûlée mit Maronen	164
Crostini, zweierlei	25
Eggnog, schneller	146
Entenbrust auf Sellerie, Roter Bete und Bratapfel	91
Feuerzangenbowle	154
Gänsebraten, festlicher	163
Gänsekeule mit Apfelrosenkohl und Kürbispüree	99
Glühwein	150
Heiße Schokolade	153
Holunder-Birnen-Blaukraut	107
Jakobsmuscheln, gebratene, auf Orangen-Fenchel-Salat	185
Kardamom-Mousse mit Trauben-Chutney	189

Im ZS Verlag sind von Alfons Schuhbeck unter anderem folgende Bücher erschienen:

Kartoffel-Mohn-Gnocchi mit Spinat-Birne und Blauschimmelkäse	44
Kastaniensuppe mit Marzipan und Südtiroler Speck	26
Kinderpunsch	149
Kürbisglühwein, weißer, mit Ananas	150
Lammkeule mit Rosamrin-Polenta-Püree	96
Marzipan-Wan-Tans mit Pflaumensauce	126
Milchreis mit Kirschen	205
Rehhackbraten im Zuccchinimantel	73
Rehrücken im Brotmantel auf Birnen-Wirsing	88
Rote-Bete-Crapaccio mit gebackener Schwarzwurzel	21
Schokoladen-Eisstollen mit Krokant und Glühweinkirschen	125
Schokoladensoufflé mit Gewürzsahne	121
Schwarzwälder Kirschtörtchen mit Zimt und Rotwein	122
Selleriesuppe mit Zimt-Apfel & Walnüssen	169
Tiramisu mit Mandelkrokant	118
Toast mit pochiertem Ei, Spinat und Adventshollandaise	52
Tomatensuppe mit Zimt und Garnelen	176
Trüffelkuchen mit Birnen und Cranberrygelee	131
Zander am Stück gebraten auf Apfel-Ingwer-Wirsing	179
Zander, gebratener, auf Karotten-Zimt-Salat	34
Zimt-Ingwer-Sterne	139
Zimtroulade mit Kirschkompott	132
Zweierlei vom Reh	170

Schuhbecks Mittelmeerküche
ISBN 978-3-96584-171-0

Servus Österreich
ISBN 978-3-96584-047-8

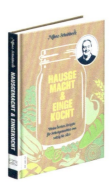

Hausgemacht & Eingekocht
ISBN 978-3-96584-024-9

Schuhbecks Feinschmeckerei
ISBN 978-3-89883-972-3

Klein, aber fein
ISBN 978-3-89883-872-6

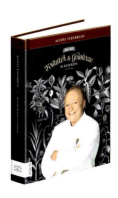

Schuhbecks Welt der Kräuter und Gewürze
ISBN 978-3-89883-499-5

ZUM AUTOR

Alfons Schuhbeck ist ein wahres Multitalent: als Meisterkoch mit Sternen geadelt, als TV-Größe beliebt bei Millionen von Zuschauern, als Kochbuchautor Bestsellergarant. Seine Philosophie ist es, die Küche seiner bayrischen Heimat mit all den süßen, salzigen, bitteren oder scharfen Aromen zu verfeinern, die er in seinen Lehr- und Wanderjahren durch die Welt kennen- und lieben gelernt hat.

Willkommen bei Alfons Schuhbeck!

Seine Restaurants „Südtiroler Stuben" sowie das „Orlando" liegen am historischen Platzl, im Herzen von München. Hier finden Sie auch seine Kochschule, seinen Eissalon, seinen Gewürz- und Teeladen. Die Produkte von Alfons Schuhbeck können Sie bequem im Onlineshop bestellen. Weitere Informationen erhalten Sie im Internet, telefonisch oder persönlich am Platzl.
Schuhbecks | in den Platzlgassen,
Hausnummer „Pfisterstraße 6"
80331 München
Tel.: 089 21 66 90 - 0
www.schuhbeck.de
www.schuhbeck-gewuerze.de

FOOD FOTOS

Im Buch enthaltene Fotos können zur eigenen Nutzung erworben werden unter *www.stockfood.de*

IMPRESSUM

Hinter jedem tollen Buch steckt ein starkes Team

Projektleitung: *Rebecca Angerer, Stella Paschen, Isabella Thiel*
Texte: *Katja Mutschelknaus*
Rezepte: *Monika Reiter*
Lektorat: *Katharina Lisson*
Grafisches Konzept & Illustrationen: *Melville Brand Design (Florian Brugger)*
Grafische Gestaltung und Satz: *Büro 18 (Anna Jansen), Katharina Fesl, Irene Schulz*
Porträtfotos: *Benedikt Roth*
Rezeptfotografie: *s. Bildnachweis*
Herstellung: *Frank Jansen*
Producing: *Jan Russok*
Druck & Bindung: *optimal media GmbH, Röbel*

Alle Rechte vorbehalten. All rights reserved.
Das Werk darf — auch teilweise — nur mit Genehmigung des Verlags wiedergegeben werden.

1. Auflage 2021
© 2021 Edel Verlagsgruppe GmbH
Kaiserstraße 14 b
D-80801 München
ISBN: 978-3-96584-166-6

BILDNACHWEIS

Andrea Kramp & Bernd Gölling: S. 2 (unten rechts), 75, 79, 80, 89, 90, 94, 109, 197; Andrea Salerno Jácome/Stockfood: S. 8 Benedikt Roth: Coverportrait, S. 5, 9, 12, 18, 36, 54, 70, 80, 116, 144, 156; Eising Studio/Stockfood: S. 2 (oben links & rechts, unten links), 10, 20, 23, 24, 26, 32, 38, 40, 42, 86, 93, 97, 98, 130, 162, 171, 172, 181, 193, 194; Eising Stuido - Food Photo & Video/Stockfood: S. 11, 30, 34, 57, 58, 61, 62, 65, 72, 76, 83, 84, 103, 110, 113, 114, 123, 124, 127, 133, 168, 177, 178, 188; Katrin Winner: S. 16, 17, 28, 45, 46, 49, 50, 53, 66, 69, 104, 105, 106, 119, 120, 134, 141, 142, 147, 148, 151, 161, 165, 184, 187, 200, 203, 204; Mathias Neubauer: S. 13, 14, 137, 138, 152, 155; PhotoCuisine/Stockfood: S. 6

NEWSLETTER

LIEBE LESER*INNEN

wie schön, dass Sie ein Buch von ZS in den Händen halten. „jetzt leben!" ist das Motto unseres Verlages. Es steht für Genuss und Inspiration, Unterstützung und Motivation. Ob Kulinarik oder Fitness, Gesundheit oder Lebenshilfe — seit über 30 Jahren bieten wir kompetente Ratgeber für (fast) alle Lebenslagen. Wir lieben Tradition genauso wie Innovation — sie treiben uns an. Unsere Autor*innen sind Menschen, die zu ihrem Thema wirklich etwas zu sagen und zu schreiben haben. Unsere Produkte sind erzählerisch, appetitmachend und als gedruckte Bücher haptisch echte Erlebnisse. Für Sie mit ganz viel Liebe gemacht! Entdecken Sie mehr aus unserer wunderbaren Welt!

Ab sofort keine kulinarischen Trends mehr verpassen und gleichzeitig einen Kochkurs mit einem Spitzenkoch von ZS gewinnen?

Melden Sie sich jetzt beim ZS Newsletter an und bleiben über neue Bücher, Themenschwerpunkte und News immer informiert.

Jetzt anmelden unter: **ANMELDEN!**
www.zsverlag.de/newsletter

UNSER VERLAGSHAUS

Mit Standorten in München, Hamburg und Berlin zählt die Edel Verlagsgruppe zu den größten unabhängigen Buchanbietern Deutschlands. Zur Edel Verlagsgruppe gehört unter anderem ZS mit seinen Lizenzmarken Dr. Oetker Verlag, Kochen & Genießen und Phaidon by ZS.

ZS – Ein Verlag der Edel Verlagsgruppe
www.zsverlag.de
www.facebook.com/zsverlag
www.instagram.com/zsverlag

 Unter allen Neuabonnierenden verlosen wir jeden Monat *10 neue Bücher* und jährlich einen *Kochkurs* mit einem Spitzenkoch von ZS.

FÜR DIE UMWELT

ZS unterstützt bei der Produktion dieses Buches das Projekt „Junge Riesen für die nächsten 100 Jahre" im Naturpark Nossentiner/Schwinzer Heide. Damit wird ein Anteil der unvermeidbaren CO_2-Emissionen im direkten Umfeld des Produktionsstandortes kompensiert.

Typisch bayerisch!

Alfons Schuhbeck
Bayern — das Kochbuch

29,80 € [D]
ISBN 978-3-89883-973-0

Leckerbissen für jeden Anlass!

Jetzt überall,
wo es gute Bücher gibt.

Schluss mit der langen Rezeptsuche!

Sie suchen ein Rezept aus einem Ihrer vielen Kochbücher, wissen aber nicht mehr, in welchem Buch es steht? Kein Problem — die Rezept Scout-App verrät ganz schnell, welches Rezept wo zu finden ist.

ENTDECKEN

Einfach Suchbegriff eingeben — und auf einen Blick entdecken, aus welchem Kochbuch die Rezepte sind

MERKEN

Lieblingsrezepte in der Merkliste speichern — und noch schneller finden

SAMMELN

Neue Kochbücher hinzufügen — für noch mehr leckere Rezepte